A SÓS, COM DEUS

Escritos da prisão

Conheça nosso site

THOMAS MORE

A SÓS, COM DEUS
Escritos da prisão

Tradução
Roberto Vidal da Silva Martins

3ª edição

São Paulo
2022

Título original
The Last Letters

Capa
Gabriela Haeitmann

Dados Internacionais de Catalogação na Publicação (CIP)

More, Thomas

A sós, com Deus: escritos da prisão / Thomas More ; tradução de Roberto Vidal da Silva Martins. – 3ª edição – São Paulo : Quadrante, 2022.

ISBN: 978-85-7465-411-9

1. Humanismo 2. More, Thomas, Sir, Santo, 1478-1535 I. Título.

CDD-828

Índice para catálogo sistemático:

1. Humanistas ingleses : Literatura inglesa 828

QUADRANTE EDITORA
Rua Bernardo da Veiga, 47 - Tel.: 3873-2270
CEP 01252-020 - São Paulo - SP
www.quadrante.com.br / atendimento@quadrante.com.br

Sumário

Nota editorial
DO HUMANISMO À AGONIA DE CRISTO

Um homem de muitas facetas

Entre 17 de abril de 1534 e 6 de julho de 1535, São Thomas More, o célebre humanista inglês, esteve encarcerado na Torre de Londres, acusado de conspirar contra o Rei. Durante essa estadia na prisão, que culminaria na sua morte, redigiu várias centenas de fólios que formam um dos mais comoventes testemunhos da fidelidade de um ser humano à sua consciência e aos seus princípios.

Este volume reúne as cartas mais tocantes que More escreveu nesse período e abrange também algumas das que lhe dirigiram ou a ele se referem, na medida em que servem para elucidar as primeiras. Acrescentam-se também as principais orações e instruções espirituais que redigiu para outros ou para si mesmo. Algumas notas e estudos explicativos, de cunho histórico e biográfico, foram inseridos onde parecia mais conveniente para facilitar a leitura, e nas cartas mais longas e detalhadas o texto foi dividido por meio de subtítulos que auxiliassem a compreensão. Para esse trabalho, o Editor ba-

seou-se em ampla medida na Introdução e nas Notas feitas por Álvaro de Silva para a edição espanhola[1].

Desde a sua decapitação em 1535, e sobretudo desde a sua canonização em 1935, a figura de More não tem cessado de crescer. Foi, para dizer o mínimo, um homem polifacético. Erudito e literato de primeira ordem, foi chamado sem exagero «o melhor prosador da Inglaterra» em língua latina e o «fundador da literatura inglesa moderna». Estadista no sentido mais autêntico da expressão, tornou-se famoso pela sua prudência e integridade. Filósofo da política, criou na sua obra Utopia *a imagem do Estado ideal segundo a razão humana, que contrastava bem-humoradamente com a realidade dos reinos do seu tempo (e de todos os tempos...). Pai de família exemplar, deixou um exemplo de equidade, serenidade e bom humor. Acima de tudo isso, porém, traçou com a sua vida um retrato das virtudes humanas, sobretudo da fortaleza, vividas num contexto plenamente laical. Jonathan Swift, o autor das* Viagens de Gulliver, *homem adusto e muito pouco inclinado aos elogios ou à adulação, caracterizou-o como «a pessoa mais virtuosa que este reino jamais produziu».*

More nasceu em 1478, em Londres, filho de um juiz. Cursou dois anos de estudos clássicos (latim e grego) em Oxford e depois formou-se em Direito na New Inn *e na* Lincoln's Inn, *câmaras dependentes da Chancelaria que eram ao mesmo tempo residências estudantis, faculdades e tribunais. Desejoso de aprofundar na sua vida interior e no conhecimento da doutrina cristã, morou por quatro anos como hóspede na Cartuxa de Londres. Os cartuxos eram a ordem mais severa*

---

(1) *Un hombre solo: cartas desde la Torre, 1534-1535*, 4ª ed., Rialp, Madrid, 1999. Para um breve resumo da vida e obra de More, ver José Lino C. Nieto, *Thomas More: um homem para a eternidade*, Quadrante, São Paulo, 1987.

e exigente da Cristandade, e foi ali que More aprendeu a usar por baixo uma camisa de pelo áspero, por penitência, bem como a meditar a vida de Cristo e a lutar por adquirir as virtudes cristãs.

Sob a orientação do seu diretor espiritual John Colet, sacerdote e também humanista, More reconheceu que não tinha vocação para a vida monástica e estabeleceu um intenso plano de práticas de piedade que pudesse cumprir mesmo na tumultuada vida de um advogado da City. *A seguir, decidiu casar-se com Joan Colt, que lhe daria quatro filhos: Margaret, Elizabeth, Cecily e John*[2].

Aos trinta anos, era um advogado de prestígio e começou a desempenhar cargos públicos e participar de missões diplomáticas e comerciais ao continente europeu, onde fez amizade com os principais intelectuais do tempo, como Erasmo de Rotterdam. Ao mesmo tempo, trabalhou na Utopia, *que viria a ser publicada em 1516, em Basileia.*

Joan More faleceu em 1511, e pelo bem dos seus filhos, ainda pequenos, More voltou a casar-se com uma viúva nec bella nec puella, *«nem bela nem jovem», mas excelente administradora doméstica:* Alice Middleton[3]. *Numa atitude*

---

(2) Margaret (1505-1544), tratada carinhosamente por «Meg», era a filha mais velha de More, e casou-se com William Roper. A afinidade intelectual e espiritual entre pai e filha era extraordinária; Nicholas Harpsfield, biógrafo de More, diz que Margaret foi a filha que esteve mais próxima do pai «em inteligência, em virtude, em conhecimentos, como também na sua conversação alegre e agradável». Foi a ela que Sir Thomas dirigiu as cartas escritas da prisão e que chegaram até nós. Falava latim, e aos dezenove anos traduziu para o inglês uma obra latina de Erasmo de Rotterdam, que lhe dedicou um dos seus livros.

(3) Lady Alice tinha trinta e nove anos quando se casou com More, e era, na descrição de Erasmo de Rotterdam, uma cuidadosa mãe e dona de casa, autêntica *mater familias.* Não nos chegou nenhuma das cartas que More escreveu à sua mulher da prisão.

inusitada para a época, montou na sua própria casa uma escola que lhe permitiu dar às suas filhas – e igualmente aos filhos dos criados – a mesma educação que ao filho varão. Assim como cuidou da instrução e educação humana de todos eles, acompanhou também detalhadamente a sua formação cristã; na casa de Thomas, vivia-se um clima de piedade singela e natural: todos se reuniam para a oração da tarde e da noite, incluídos os empregados. Recitavam alguns Salmos escolhidos por More, a Salve-Rainha e uma oração pelos defuntos. Iam à missa aos domingos e rezavam com frequência o terço.

«The King's matter»

Em 1522, More foi nomeado Secretário do Rei e passou a fazer parte do Conselho Privado, presidido pelo então Lorde-chanceler Thomas Wolsey *(1473-1530), cardeal-arcebispo de York. Wolsey tinha entrado para o serviço do rei Henrique VII e, em 1509, para o do seu sucessor. Homem de grandes dotes, mas autoritário e mais fiel ao Rei do que à Igreja, dominou a vida secular e eclesiástica da Inglaterra enquanto esteve no cargo de Chanceler, tornando-se uma das principais fontes do anticlericalismo popular inglês.*

Henrique VIII Tudor *foi coroado em 1509 e casou-se no mesmo ano com Catarina de Aragão – depois de obter uma dispensa papal, pois Catarina era viúva do seu irmão mais velho, Artur. Nos primeiros anos, fez um excelente governo, embora demasiado inclinado à guerra. Infelizmente, Catarina não lhe deu filhos: teve quatro abortos sucessivos e, em 1516, depois de dar à luz uma filha, ficou definitivamente estéril. De temperamento impulsivo e violento, o Rei estava obcecado com a ausência de um herdeiro e foi buscar consolo em braços alheios, acabando por fazer-se amante de uma jovem da baixa nobreza, Ana Bolena. Ao mesmo tempo, começou a mover-se por todos os meios para obter a nulidade do seu casamento com Catarina, tema que adquiriu tamanha importância em todo o reino que foi chamado* the King's matter, *o «assunto do Rei». Através de Wolsey, solicitou à Santa Sé uma declaração de nulidade, alegando que sofria de «escrúpulos» – um tanto tardios... – por ter desposado a mulher do próprio irmão.*

O Papa Clemente VII começou por ganhar tempo, nomeando Wolsey e o núncio Campeggio legados papais para examinar a questão. Henrique comunicou-lhes que estava disposto a conseguir a nulidade a todo o custo, o que levou o núncio a arrastar o mais possível a decisão. Em 1527, Henrique VIII, cada vez mais impaciente, enviou agentes a Roma com a missão de subornar os assessores do Papa, mas só conseguiu com isso a revogação dos poderes delegados a Wolsey e Campeggio.

Contestando a decisão papal, o Rei ordenou aos dois cardeais que se constituíssem em tribunal para dar a sentença. No dia 23 de julho de 1529, esgotados os prazos judiciais, o núncio teve de pronunciar-se: «Não pretendo condenar a minha alma por causa de nenhum príncipe ou potentado. Assim, não levarei adiante este caso».

O furor do Rei e da corte não teve limites; pouco depois, Wolsey perdia o cargo de Chanceler por causa do seu «fracasso» na questão da nulidade. O arcebispo refugiou-se na sua sé episcopal, que pisava pela primeira vez; foi detido por agentes do Rei em novembro, mas morreu durante a viagem para Londres, na abadia de Leicester, no dia 29 de novembro de 1530. Segundo os seus biógrafos, teria dito antes de expirar: «Se tivesse servido a Deus com a diligência com que servi ao Rei, Deus não me teria desamparado».

Nuvens negras

O Rei conhecia More – acabamos de ver que o tinha nomeado Secretário do Conselho em 1522 – e acostumara-se a consultá-lo tanto sobre matérias políticas quanto privadas. Diversas vezes, deu publicamente mostras de uma grande admiração por ele. Mas More não alimentava ilusões sobre o crescente autoritarismo do soberano. Já em 1521, durante um passeio pelos jardins da sua casa em Chelsea, perto de Londres, com William Roper, *marido de Margaret*[4], *ouviu-o comentar que estava feliz com a crescente amizade entre o*

(4) William Roper (c. 1496-1578), ou «Will», era filho de John Roper, um advogado de renome e amigo de John More, o pai de Sir Thomas. Seguiu a carreira do pai e sucedeu-lhe no cargo de primeiro notário do reino em 1524. Durante o namoro com Margaret, flertou um pouco com as ideias luteranas que começavam a pôr-se de moda; Sir Thomas tentou argumentar com ele, mas, ao verificar que só conseguia levá-lo a endurecer-se nas suas posições, abandonou o assunto nas mãos de Deus e limitou-se a rezar. Pouco depois, Roper regressava ao catolicismo.

William e Margaret tiveram cinco filhos. Depois da morte da mulher, em 1544, Roper não voltou a casar-se, mas permaneceu viúvo até a sua morte, decisão pouco habitual para a época. Durante o reinado de Maria Tudor, representou os condados de Rochester e Canterbury no Parlamento. Sempre se mostrou generoso na ajuda aos católicos encarcerados ou exilados. Foi ele quem pediu a Nicholas Harspsfield que escrevesse um livro sobre a vida e as obras de More e, para ajudá-lo, pôs por escrito as suas recordações, que intitulou *The Lyfe of Sir Thomas Moore, Knighte)* este livrinho, uma pequena obra-prima da literatura inglesa, tornou-se mais tarde a principal fonte histórica sobre Thomas More.

Rei e o seu sogro. Sir Thomas ficou sério e disse-lhe que não devia iludir-se, «pois se com a minha cabeça o Rei pudesse ganhar um só castelo em França, não há dúvida de que eu não a traria mais sobre os meus ombros»...

Quando se deu o rompimento entre Henrique VIII e Campeggio, More estava fora do país, negociando a Paz de Cambrai entre Francisco I da França e o Imperador Carlos V. Por ocasião da queda de Wolsey, o Rei pensou imediatamente em substituí-lo por More, que tinha uma reputação inexcedível de honestidade, sempre se mostrara leal e era leigo, ou seja, talvez se mostrasse mais «flexível» no tema da nulidade do que os cardeais...

Com efeito, uma das primeiras coisas que o Rei fez depois de nomeá-lo Chanceler foi consultá-lo sobre o seu «assunto», instando-o a meditá-lo. «Mas – contava More numa carta a Erasmo de Rotterdam –, generosamente, declarou-me que não desejava de forma alguma que eu fizesse nada que fosse contra a minha consciência, e que devia olhar primeiro para Deus e, depois de Deus, para ele». O Chanceler estudou o assunto a fundo, com pelo menos quatro especialistas, entre eles o dr. Nicholas Wilson, *capelão e confessor do Rei; mas, vendo Henrique cada vez mais impaciente, teve de responder-lhe que, tratando-se de um problema de direito canônico, não era a pessoa indicada para emitir um parecer. O Tudor não gostou da resposta, mas, como admirava sinceramente o seu Chanceler, prometeu-lhe que o manteria fora desse assunto.*

O cargo de Chanceler equivalia ao de juiz supremo do reino, embora abrangesse também muitas tarefas administrativas. Sem desleixar os seus deveres para com Deus e a família, More entregou-se ao trabalho «com diligência, fidelidade e boa vontade», resolvendo um após outro todos os processos que o seu antecessor deixara acumular durante anos. Para tornar a justiça acessível aos desvalidos, recebia na sua casa de Chelsea quem quer que tivesse alguma queixa. A sua equidade, clemência e laboriosidade mereceram-lhe uns divertidos versinhos populares:

When More sometime had Chancellor been,
no *more* suits did remain.
The like will never *more* be seen
till More be there again[5].

Uma das suas principais preocupações era ver o Rei derivar de forma crescente para o cesaropapismo, graças a uns conselheiros muito pouco desinteressados e às doutrinas heréticas de um certo William Tyndale, ardoroso defensor da ingerência do Estado nos assuntos da Igreja.

Um desses conselheiros, o ambicioso clérigo Thomas Cranmer *(1489-1556), sugeriu ao soberano que devia ater-se à opinião das Universidades no assunto da nulidade, uma vez que estas eram muito mais maleáveis do que o núncio Campeggio e a Santa Sé, e pôs-se ativamente a reunir e até a comprar pareceres favoráveis ao divórcio.*

Outro desses maus conselheiros foi Thomas Cromwell *(14857-1540), que fora homem de confiança de Wolsey. Quando o cardeal caiu, Cromwell conseguiu introduzir-se no séquito de Henrique VIII e em pouco tempo converteu-se em Secretário e braço direito do Rei. A sua filosofia política, muito simples, resumia-se em «estudar as inclinações do Rei»: desde o primeiro momento, compreendeu que a sua carreira*

(5) «Algum tempo depois de More ser Chanceler / não sobrou mais nenhum processo. / Algo assim nunca mais se verá / enquanto More não retornar».

dependia do avanço da questão do divórcio. O enorme poder que acumulou em pouco tempo só se explica por uma maleabilidade moral não menos extraordinária.

Seria demasiado longo enumerar as jogadas dos partidários do Rei para intimidar os bispos e levar o Parlamento a legislar em favor do cesaropapismo. Durante o seu período como Lorde-chanceler, More opôs-se repetidamente às suas manobras; escreveu uma Refutação de Tyndale *e defendeu a independência da Igreja na presença do soberano, do Parlamento, e em privado. Certa vez, conta-nos Roper, admoestou diretamente o Secretário: «Mestre Cromwell, [...] se quiserdes seguir a minha opinião, nos conselhos que vierdes a dar ao Rei sempre lhe direis o que deve fazer, mas nunca o que pode fazer. [...] Porque, se um leão conhecesse a sua força, seria extremamente difícil domá-lo». Cromwell teria ocasião de lembrar-se dessas palavras quando por sua vez foi encarcerado na Torre de Londres, pouco antes de ser decapitado por «alta traição», em 1540.*

As manobras do Secretário culminaram em 1532, quando conseguiu que a Câmara dos Comuns apresentasse uma supplication *que enumerava uma longa lista de acusações contra o clero por «insubordinação e traição». Em 13 de maio desse ano, o Rei dirigiu um ultimato aos bispos reunidos em* Convocation *para que o reconhecessem como Cabeça Suprema da Igreja da Inglaterra; no dia 15, a maioria dos bispos, acuados e aterrorizados havia tempos, abandonou a reunião, e os três remanescentes assinaram um documento de submissão total, o que configurava um cisma da Igreja da Inglaterra. O bispo de Rochester,* John Fisher[6], *que estava*

---

(6) São John Fisher (1469-1535) nasceu em Beverley, no Yorkshire, e estudou em Cambridge. Ordenado aos vinte e dois anos por dispensa papal, recebeu o

doente na ocasião, comentou ao saber a notícia: «A fortaleza foi traída por aqueles mesmos que a deveriam ter defendido».

Na manhã seguinte, Thomas More renunciou ao cargo de Chanceler. Consciente de que o acontecido representava uma ruptura da unidade cristã e o fim do incipiente governo parlamentar, proclamava com esse gesto a sua resistência. Tinha 54 anos, e sabia muito bem que se envolvia em sérias dificuldades, não apenas profissionais – porque era idoso demais para retomar o exercício da advocacia –, mas também familiares e pessoais. Com a perda do cargo, as suas rendas viram-se reduzidas tão drasticamente que teve de despedir a maior parte dos criados, para quem conseguiu colocação entre os amigos.

O começo da perseguição

No outono do mesmo ano de 1532, Ana Bolena engravidou da futura Elizabeth I, e o Rei decidiu pôr fim sem mais

---

título de doutor em teologia em 1501. Em 1504, foi ordenado bispo de Rochester, feito membro do Conselho do Rei e eleito Chanceler da Universidade de Cambridge, cargo para o qual seria reeleito anualmente até lhe ser conferido vitaliciamente, em 1514. Confessor de Catarina de Aragão, foi um clérigo de conduta irrepreensível, exemplo de virtude sacerdotal e pastoral, tanto mais admirável se levarmos em consideração a corrupção mundana e a decadência espiritual de muitos eclesiásticos do seu tempo. Chapuys, o embaixador imperial, descreve-o como «modelo dos prelados cristãos, tanto pelos seus conhecimentos como pela sua santidade».

Fisher foi «a única luz entre todos os bispos da Inglaterra, dos quais nem um só o seguiu», como se comenta na biografia de More escrita por Nicholas Harpsfield. Sir Thomas chegou a afirmar dele que era ilustre não› apenas pela sua extraordinária erudição, mas mais ainda pela pureza e simplicidade da sua vida. Na Torre de Londres, os dois mantiveram uma correspondência que não chegou até nós. O Papa Paulo III nomeou Fisher cardeal no dia 20 de maio de 1535, quando já se encontrava na prisão. Um mês depois, na manhã do dia 22 de junho, o bispo ancião morreria decapitado.

delongas à questão da nulidade. Nomeou Thomas Cranmer arcebispo de Canterbury (a sede primacial da Igreja da Inglaterra); este intitulou-se a si próprio legado papal e, no dia 23 de maio de 1533, declarou nulo o casamento do Rei com Catarina. Pouco depois, Henrique oficializou o casamento com Ana Bolena e fê-la coroar rainha. More não esteve presente em nenhuma das duas cerimônias, apesar de expressamente convidado pelo soberano.

Em julho de 1533, o Papa declarou nulo o segundo casamento de Henrique VIII. Em represália, a partir de 1534, começaram a ser apresentadas ao Parlamento diversas leis destinadas a cortar as relações com Roma. A mais importante foi o Succession Act, *cujo preâmbulo negava a validade do casamento do Rei com Catarina e o primado espiritual do Papa, reconhecia plenos direitos dinásticos aos filhos de Ana Bolena – o que em si não levantava maiores problemas morais – e obrigava todos os cidadãos, sob pena de traição, a prestar juramento de fidelidade ao Ato – o que equivalia a aderir ao cisma.*

Ao mesmo tempo, Henrique VIII pediu à Câmara dos Lordes que acusasse More de traição por suposta cumplicidade com a monja de Canterbury. *Essa moça, Elizabeth Barton (1567-1534), também chamada a «Donzela de Kent», era uma simples empregada que afirmava ter sido curada por Nossa Senhora de uma doença, em 1525, e que desde então supostamente tinha transes em que a Santíssima Virgem lhe apareceria. Uma comissão eclesiástica formada para estudar as visões e a cura declarou que eram autênticas, e Elizabeth entrou para a ordem beneditina; como se tratava de uma mulher de vida piedosa e exemplar, a sua fama logo correu por toda a Inglaterra. Em novembro de 1533, porém, a Donzela foi presa e transferida para a Torre de Londres, acusada de ter falado contra o divórcio e as núpcias do Rei com Ana Bolena, e de ter influído negativamente sobre a opinião pública, o antigo Chanceler Wolsey e o próprio Papa.*

Como essas acusações – supondo que fossem verdadeiras – não bastavam para constituir legalmente um ato de traição, foi necessário elaborar uma Lei específica para essa finalidade, o Act of Attainder, *preparado por Cromwell. Nesse Ato, foram incluídos diversos sacerdotes que não tinham querido jurar à Sucessão e, numa segunda fase, também o bispo John Fisher. O Ato foi votado na Câmara dos Lordes no dia 21 de fevereiro de 1534. O novo Lorde-chanceler,* Thomas Audley[7], *advertiu a assembleia de que não devia prestar atenção a nada do que os sacerdotes «romanos» pudessem dizer, induzidos pela «instrumentalidade diabólica» da monja. Elizabeth Barton e quatro sacerdotes – os monges beneditinos Bocking e Dering, o franciscano observante Risby e um sacerdote chamado Henry Gold – foram condenados ali mesmo à morte por traição e executados dois meses depois em Tyburn.*

A Câmara dos Lordes tinha-se recusado três vezes a incluir More entre os acusados, apesar da insistência do Rei, mas por fim acabou por ceder. Sir Thomas efetivamente chegara a conversar com a Donzela de Kent enquanto ainda era Chan-

---

(7) Sir Thomas Audley (1488-1544) sucedeu a More como *speaker* na Câmara dos Comuns e depois como Lorde-chanceler da Inglaterra. Durante toda a carreira, foi um instrumento dócil nas mãos de Henrique VIII e de Cromwell; os seus princípios podem resumir-se dizendo que acomodava a consciência à conveniência política. Presidiu aos processos de São John Fisher e São Thomas More, e, a partir de 1535, a dissolução dos mosteiros e o confisco de outras propriedades da Igreja católica na Inglaterra permitiram-lhe aumentar consideravelmente o seu patrimônio.

celer, mas apresentou ao Rei e ao Secretário, como evidência em defesa própria, uma carta que escrevera a Elizabeth aconselhando-a a não se imiscuir em questões políticas e outra a Cromwell sobre o mesmo assunto. Também enviou a Henrique uma petição para que o seu caso fosse julgado pelo Parlamento, mas o Rei negou-se a atendê-la, pois sabia que não conseguiria levar as Câmaras a condenar o humanista. Em vez disso, nomeou uma Comissão, composta por Cromwell, Cranmer, o duque de Norfolk e o Chanceler Audley, para estudar o caso e pressionar More.

A audiência que More teve com eles, nos primeiros dias de março de 1534, foi decisiva. Roper narra que Sir Thomas foi recebido de forma muito amigável, mas não aceitou o assento que lhe ofereciam, preferindo permanecer de pé. Audley lembrou ao seu antecessor os «muitos benefícios» que recebera do Rei e assegurou-lhe que «nenhuma honra ou lucro lhe seriam negados das mãos de Sua Alteza» se apenas se unisse à posição «do Parlamento, dos bispos e das Universidades». More replicou que, embora reconhecesse com gratidão a benevolência do soberano, alimentara a esperança de dar esse assunto por encerrado, pois desde o começo informara o Rei diversas vezes sobre o que pensava e este lhe prometera deixá-lo em paz.

Ao verem que não cederia, os membros da Comissão passaram às ameaças. Disseram que Sua Alteza os havia encarregado de acusá-lo de «grande ingratidão, pois nunca houvera um servo tão mesquinho para com o seu suserano, nem nenhum súdito tão traiçoeiro para com o seu Príncipe, como ele». A resposta tornou-se justamente famosa: «Mylords, *esses terrores são argumentos para crianças, mas não para mim».*

A Comissão «partiu cheia de desgosto», mas Sir Thomas saiu «muito alegre». Roper, que antes da audiência insistira muito com More em que procurasse conseguir que a Comissão riscasse o seu nome da lista dos acusados de traição, conta-nos o diálogo que teve com ele à saída:

> *«– Então, estais fora da lista do Parlamento?*
>
> *«– Na verdade, filho Roper, nem me lembrei desse assunto.*
>
> *«– Nem vos lembrastes! Um caso que vos atinge tão de perto, e a nós todos por vossa causa! Muito lamento ouvir isto, pois de verdade pensei que tudo estava bem ao ver-vos tão alegre.*
>
> *«A seguir, ele me disse:*
>
> *«– Queres saber, filho Roper, por que eu estava tão alegre?*
>
> *«– Isso eu quereria muito, senhor, respondi-lhe.*
>
> *«– Em verdade regozijei-me, filho, por ter passado a perna ao demônio, e por ter ido tão longe diante desses lordes que agora nunca mais poderei retroceder sem grande vergonha para mim».*

More já tomara consciência de que Henrique VIII não se contentaria com nada menos que a sua destruição, mas ao mesmo tempo havia encontrado a paz e a alegria que decorrem de uma firme opção pela consciência. Nessa entrevista, acabava de romper as amarras.

Pouco depois, o duque de Norfolk comentou-lhe, numa conversa particular, que «era perigoso contrariar os príncipes, pois a ira do príncipe significa a morte». More respondeu-lhe: «E isso é tudo, mylord? *Então, não há mais diferença entre Vossa Alteza e eu do que esta: que eu morrerei hoje e Vossa Alteza amanhã», Norfolk efetivamente foi condenado à deca-*

pitação em 1547, embora a sentença não tenha chegado a cumprir-se porque o Rei faleceu antes[8].

A Torre

A jogada seguinte da Comissão consistiu em convocar More a comparecer no dia 13 de abril para prestar o juramento de aceitação do Ato de Supremacia. Na manhã daquele dia, Sir Thomas confessou-se, assistiu à missa e despediu-se serenamente dos familiares. Dirigiu-se ao Palácio de Lambeth acompanhado apenas por alguns criados e por Roper, a quem comentou: «Meu filho Roper, dou graças a Deus porque a batalha está ganha». A batalha íntima, porque sabia que dessa vez não haveria escapatória.

Diante da comissão, integrada entre outros por Cranmer e Lord Audley, sucessor de More no cargo de Chanceler, pediu para examinar o texto do Act *e do juramento, para ver se seria possível aceitar a Sucessão sem ter de jurar ao mesmo tempo a Supremacia. Confirmando que não podia prestar esse juramento, recusou-se a fazê-lo. Ele mesmo descreve detalhadamente a cena na* Carta 2 *desta coletânea.*

A Comissão, vendo que não conseguiria convencê-lo a jurar, resolveu detê-lo – à revelia da lei – e confiá-lo à custódia do abade de Westminster. Quatro dias depois, More recusou-se

---

(8) É interessante saber que esse duque, Thomas Howard (1473-1554), Lorde-almirante da Inglaterra e generalíssimo do exército, era tio de Ana Bolena; mesmo assim, não titubeou em presidir ao tribunal que a condenou à morte por traição quando o Rei se cansou dela, em 1536. Outra sobrinha sua, Catherine Howard, também se casou com o Henrique VIII incentivada por Norfolk, e teve o mesmo fim que Ana Bolena.

novamente a jurar e a 17 de abril foi encaminhado para a Torre de Londres, à espera de ser julgado.

Nos primeiros meses, as condições do encarceramento foram relativamente brandas, como era praxe comum na época. More ficou numa cela tolerável e gozava de certa liberdade de movimentos no pátio interno da Torre; também podia assistir à missa em uma das capelas que lá havia. A partir de fins de maio, pôde receber visitas da filha Margaret e dos outros familiares. Estava acompanhado por um criado, John Wood, e podia escrever livremente aos familiares e amigos. Em contrapartida, a família tinha que pagar uma soma abusiva pela sua estadia na prisão e pela comida e outros serviços; numa carta a Thomas Cromwell, Alice More menciona a cifra de «quinze shillings», dez pelo marido e cinco pelo criado.

Se as condições externas não chegavam a ser as piores possíveis, o drama interior de Sir Thomas foi duríssimo. Precisamos tentar pôr-nos na sua pele para compreender de alguma forma o que passou. Por um lado, More foi de uma lealdade a toda a prova para com o seu Rei, apesar de todos os pesares: a ninguém induziu a seguir a sua atitude, como reitera em várias passagens das suas cartas. Por outro, sabia em consciência que não podia prestar o juramento que o soberano lhe impunha porque isso significaria aderir ao cisma e, pior ainda, porque, sendo ele quem era – um humanista de renome internacional, o antigo magistrado supremo da nação e, sobretudo, um homem conhecido pela integridade de caráter –, causaria um escândalo público que repercutiria em toda a Cristandade.

Ao mesmo tempo, enfrentou uma pressão moral terrível: viu todos os seus amigos em cargos públicos sujeitarem-se apressadamente às arbitrariedades do soberano; viu todos os bispos do reino – com exceção apenas de John Fisher – cederem coletivamente à covardia e, num caso ou noutro, tam-

bém à ambição. Pior ainda, viu que nem ao menos os seus familiares o compreendiam: a sua esposa Alice recriminava-o pela sua atitude, e nem os filhos, que havia educado com tanto cuidado para que formassem bem a consciência, foram capazes de entendê-lo.

Acrescentemos a isso que não podia deixar de sofrer ao ver que fazia os seus familiares sofrerem, sem que estivesse na sua mão mexer uma palha para ajudá-los. E que teve de assistir muito de perto ao espetáculo do «desconcerto do mundo», como diria Camões: ao triunfo da vaidade e da cobiça que espezinhavam a honestidade e a retidão, pois só os piores elementos, os mais covardes e bajuladores, galgaram posições e se enriqueceram com a liquidação da Igreja inglesa.

Margaret fez a sua primeira visita ao pai pouco mais de um mês depois da sua reclusão na Torre, isto é, por volta de fins de maio. Segundo Roper, Sir Thomas teria descrito assim a sua situação na prisão:

> *«Acredito, Meg, que os que me puseram aqui pensam que me fizeram um grande desfavor. Mas asseguro-te, minha filha, que, se não fosse pela minha mulher e por vós, meus filhos, que tenho como a minha maior responsabilidade, há muito que me teria encerrado numa cela tão estreita como esta, ou mais ainda [...]. Não encontro motivo, graças a Deus, Meg, para considerar-me em pior situação aqui do que na minha própria casa. Parece-me que Deus fez de mim o seu filho mimado, e me põe no seu regaço e me enche de carícias».*

É bem possível que estas palavras corajosas se destinassem mais a poupar sofrimentos aos familiares do que a retratar com fidelidade o que se passava no seu íntimo.

Mesmo com Fisher e More na Torre, a obstinação furiosa e cega do Rei continuava a crescer: era-lhe preciso, acima de tudo, justificar-se perante a sua própria consciência, e por isso a mera existência dos dois opositores silenciosos representava para ele um espinho na carne. Não lhe bastava tê-los tirado do caminho: era preciso quebrá-los, arrancar-lhes ao menos uma aprovação formal – diz o ditado que «a hipocrisia é o tributo que o vício presta à virtude» – ou então destruí-los inteiramente.

A pressão sobre a Igreja continuava. Ainda no mês de abril de 1534, a Universidade de Cambridge rejeitou a autoridade do Papa por unanimidade, no que foi seguida pela de Oxford. Uma Convocação provincial em York, presidida por Edward Lee, rejeitou unanimemente a autoridade do Papa. O Parlamento, em novembro, aprovou o Ato de Supremacia, *em virtude do qual o Rei era declarado Cabeça Suprema da Igreja da Inglaterra, sem nenhuma cláusula restritiva. Em dezembro, Cromwell foi nomeado Vigário Geral de Henrique VIII, título que lhe dava plenos poderes em matéria eclesiástica, e começou a demolir as ordens religiosas e a nacionalizar o seu patrimônio, que foi distribuído entre os seguidores da causa real.*

O cerco apertou-se em torno dos dois prisioneiros. Sir Thomas foi proibido de sair da cela até para assistir à missa na capela da Torre. Em fevereiro de 1535, uma nova lei parlamentar declarou traidores os ingleses que «pensassem mal» do seu soberano, e nos meses seguintes More e Fisher foram submetidos a diversos interrogatórios, que o ex-Chanceler relata nas Cartas 12 *e* 13: *tudo em vão.*

Em junho, por fim, a camarilha real decidiu pôr fim ao assunto por todos os meios, e a partir desse momento os acon-

tecimentos se precipitam: no dia primeiro, criou-se uma nova Comissão, agora já para «julgar os traidores». No dia 12 desse mês, confiscaram-se os livros, plumas e tinta de More. No dia 14, o humanista foi convocado novamente pela Comissão, mas, cansado de repetir sempre as mesmas coisas, decidiu guardar silêncio. No dia 17, um tribunal especial condenou à morte o bispo John Fisher, que foi decapitado no dia 22, dia de Santo Albano, o primeiro mártir inglês. Por fim, no dia primeiro de julho, São Thomas More foi levado a julgamento em Westminster Hall

Os escritos da Torre

Quem quer que já tenha lido os escritos autobiográficos de pessoas perseguidas ou encarceradas por regimes totalitários de qualquer cor ideológica, sabe que, juntamente com as injustiças e arbitrariedades autênticas que narram, quase sempre transmitem também – compreensivelmente – uma forte dose de ressentimento. Ora, o que mais chama a atenção nas cartas, orações e livros que Sir Thomas More escreveu na Torre é precisamente a ausência total de todo o ressentimento. Espelham-se nesses escritos a angústia e o temor, a amargura de um homem completamente só no seu sofrimento, mas ao mesmo tempo a superação da fraqueza humana pela fé e pela caridade. Se o humanista é um homem completamente só, é ao mesmo tempo um homem que está a sós... com Deus.

Já ao apresentar a sua demissão do cargo de Lorde-chanceler, More tinha-se proposto dedicar o resto da vida à reflexão sobre as verdades eternas e à contemplação da Paixão e

Morte de Cristo. Na Torre, por mais inadequadas que fossem as condições materiais e psicológicas – muitas vezes só tinha à mão, para poder escrever, uns pedacinhos de carvão –, encontrou ao menos o tempo necessário para fazê-lo. Como os seus companheiros humanistas, desejava ser útil, e nesses momentos teve de ser útil a si mesmo em primeiro lugar; o talento de escrever, que lhe servira para usos tão diversos – desde a poesia e a história até a apologética –, tornou-se o veículo da sua reflexão e da sua oração, e o principal meio para encontrar consolo e fortaleza.

Nesse período, redigiu uma longa meditação em latim sobre A agonia de Cristo; *o* Diálogo do consolo na tribulação, *considerado por muitos a sua obra-prima, superior até à* Utopia; *e as* cartas *e* meditações *reproduzidas na sua maior parte neste volume.*

No Diálogo, *ambientado numa Viena sitiada pelos turcos, um jovem, a quem More dá o nome de Vicente, líder do seu povo, mas aterrorizado com os perigos que a família e os amigos correm, vai buscar conselho e fortaleza junto ao seu velho tio Antônio, doente e acamado. Desse modo, o ex-Chanceler teve a oportunidade de repassar todos os argumentos racionais que pudessem ajudá-lo a resistir aos «turcos» – alusão transparente ao Rei e seus colaboradores – que se encontravam literalmente «às portas» da sua cidadela espiritual e estavam a ponto de sufocar-lhe a liberdade. Mas, embora nesta obra o autor se volte sobretudo para o consolo que a razão e o bom-senso têm a oferecer, conclui afirmando que a única forma de manter a fidelidade aos compromissos assumidos por amor é «ponderar em profundidade o exemplo do nosso Salvador», Modelo definitivo do amor forte.*

No De tristitia Christi *[«A agonia de Cristo»], que não chegou a terminar por lhe terem confiscado o material de escrita, trata da «história daqueles momentos em que os Apóstolos adormeceram enquanto o Filho do Homem era traído». No contraste entre Judas, plenamente desperto ao trair o Senhor, e os três Apóstolos ensonados, encontra um retrato da sua própria época: «Porque há muitos que estão adormecidos e apáticos à hora de semear as virtudes entre o povo e de defender a verdade, enquanto os inimigos de Cristo, dispostos a semear os vícios e desarraigar a fé, estão plenamente despertos».*

Mas, sobretudo, é neste livro que põe de manifesto o segredo que lhe permitiu manter-se firme mesmo no meio desse «naufrágio da sua fortuna»: a identificação com Cristo nas amargas horas que o Senhor passou no Horto de Getsêmani. Deixemos que seja ele mesmo quem no-lo conte:

> *«Cristo sabia que muitas pessoas de constituição fraca se encheriam de terror diante do perigo de serem torturadas, e quis dar-lhes ânimo com o exemplo da sua própria dor, da sua própria tristeza, do seu próprio abatimento e medo inigualáveis. Caso contrário, essas pessoas, desanimadas ao compararem o seu próprio estado desfalecido com a intrépida audácia dos mais fortes mártires, poderiam chegar a conceder aquilo que temiam lhes fosse arrebatado pela força. A quem se encontrar nessa situação, é como se Cristo se servisse da Sua própria agonia para lhe falar de vivíssima voz:*
>
> *«– "Tem coragem, tu que és débil e frouxo, e não desesperes. Estás atemorizado e triste, abatido pelo cansaço e pelo medo ao tormento. Tem confiança. Eu venci o mundo, e apesar disso sofri muito pelo medo e estava cada vez mais horrorizado à medida que o sofrimento se aproximava. Deixa que o homem forte tenha como modelo mártires magnânimos, de grande coragem e presença de espírito;*

deixa-o encher-se de alegria, imitando-os. Tu, temeroso e enfermiço, toma-me a Mim como modelo. Desconfiando de ti, espera em Mim.

"Olha como caminho à tua frente neste caminho tão cheio de temores. Agarra-te à orla das minhas vestes, e sentirás fluir delas um poder que não permitirá que o sangue do teu coração se derrame em vãos temores e angústias, que tornará o teu ânimo mais alegre, sobretudo quando recordares que segues muito de perto os Meus passos. Sou fiel, e não permitirei que sejas tentado para além das tuas forças, mas dar-te-ei, junto com a provação, a graça necessária para a suportar.

"E alegra também o teu ânimo quando recordares que esta tribulação leve e momentânea se transformará num peso imenso de glória. Porque os sofrimentos daqui de baixo não são comparáveis com a glória futura que se manifestará em ti. Tira força da consideração de tudo isto e, com o sinal da minha cruz, lança fora o abatimento e a tristeza, o medo e o cansaço, como se não passassem de vãos espectros das trevas. Avança com brio e atravessa os obstáculos firmemente confiado em que Eu te apoiarei e dirigirei a tua causa até que sejas proclamado vencedor. E então te premiarei com a coroa da vitória"».

Esse processo de crescente identificação com Cristo transparece também nas Cartas *reunidas neste volume. Se More já tinha uma intensa vida cristã antes do encarceramento, agora atinge o heroísmo no desprendimento, na confiança e abandono em Deus, e na caridade com que envolve até os seus inimigos. Os sinais mais eloquentes disso são a serenidade e a autêntica alegria que nelas se manifestam.*

As cartas têm uma primeira finalidade evidente, que é a de dar notícias suas aos familiares. Neste sentido, o autor da Utopia *deixa a pena correr solta. Em consequência, as frases ramificam-se, encadeiam-se e repetem-se ao sabor daquilo que lhe passa pelo coração, sem grandes preocupações pelo rigor lógico da argumentação ou pela pureza do estilo. Mas é nisto mesmo que residem a sua força e perenidade, pois são como que retratos de uma alma humana posta a nu.*

Contrapondo-se a essa primeira tendência, está o que poderíamos chamar o aspecto documental dessas cartas. Sir Thomas tinha plena consciência de que tudo o que escrevesse na sua cela seria minuciosamente estudado pelos membros da Comissão Real, que estavam à espreita do menor pretexto para condená-lo. Com suma sutileza, deixa nessas cartas uma relação dos interrogatórios a que foi submetido, a fim de dispor de provas concretas com que rebater as acusações que, como sabia muito bem, em breve lhe seriam feitas, tentando distorcer as suas palavras. Mas a sutileza de que lança mão não compromete a clareza da sua posição ou da sua mensagem: para bom entendedor...

More tem ainda uma terceira razão para escrever, e é chamar a atenção dos destinatários dessas cartas – e também dos seus censores – para que tenham um mínimo de respeito pela salvação das suas almas. Por isso, comenta com a delicadíssima ironia que lhe era peculiar o lamentável espetáculo que tem diante dos olhos e a baixa qualidade dos atores. Dizendo sem poder dizer, fabrica assim um dos protestos mais apaixonados e ao mesmo tempo mais serenos em favor da liberdade do espírito humano. Como é evidente, as cartas devem ser lidas tendo presente esse jogo delicadíssimo.

Por fim, as últimas orações *e* instruções *refletem o estado interior de More de forma ainda mais pungente do que as cartas. Estão carregadas de dor, mas também de serenidade e alegria. Vemos o seu esforço por aceitar a morte, o modo como descobre por todos os lados a Providência amorosa e misericordiosa de Deus e nEle se abandona, e o empenho por perdoar a quem quer que tenha querido fazer-lhe mal: para todos suplica a salvação eterna. Este homem, que teve tanto bom senso durante a vida, raciocina: para que ser inimigo de alguém que um dia estará unido a mim em amizade eterna?*

Que grandeza de Deus, que às *vezes* pode mais um homem só ou dois, que digam a verdade, do que muitos juntos!

Santa Teresa de Jesus, *Caminho de Perfeição*

* * *

Qui memor es Mori, longae tibi tempora vitae
sint et ad aeternam pervia porta, mori.

Tu que te lembras de More, seja-te longa a vida,
e morrer uma porta aberta para a vida eterna.

* * *

Moraris, si sit spes hic tibi longa morandi:
Hoc te vel morus, More, monere potest.
Desine morari, et caelo meditare morari:
Hoc te vel morus, More, monere potest

Enlouquecerás, se a tua esperança for morar longo
[tempo aqui;
mesmo um louco, More, pode aconselhar-te isso.
Deixa de ser louco, e medita em morar no céu:
mesmo um louco, More, pode aconselhar-te isso.

Sir Thomas More, *Poemas Latinos.*

Acima, a Torre de Londres, *numa gravura de W. Hollar, 1647. Diante das muralhas, veem-se o Tâmisa e o cais (ver Carta* n. *15). Abaixo, um mapa de Londres por volta de 1550, indicando os principais pontos relacionados com a vida de Thomas More:* Newgate, *onde nasceu;* Lincoln's Inn, *onde estudou Direito;* Lambeth Palace, *lugar da entrevista com a Comissão encarregada de receber o juramento (ver* Carta n. *2); a* abadia de Westminster, *onde permaneceu temporariamente sob custódia; a* Torre de Londres, *e o* Tower Hill, *onde foi decapitado.*

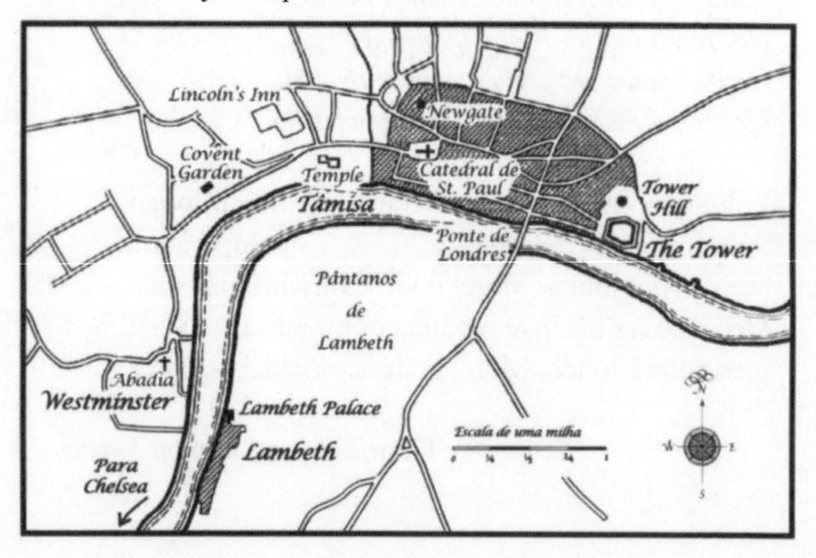

CARTAS DA TORRE

1. A Margaret Roper

Torre de Londres, abril de 1534

Esta carta, pouco mais que um bilhete, parece ter sido escrita apenas para tranquilizar os familiares, pouco depois do encerramento de Sir Thomas na Torre de Londres, no dia 17 de abril. Margaret Roper *(1505-1544), recordemos, era a filha mais velha de More, casada com* «Will» Roper; John Harris, *o secretário*[9]; *e* lady Alice More, *a «vivaz esposa».*

Vale a pena lembrar que, no momento em que More escreve estas linhas cheias de serenidade e alegria, acaba de ser encarcerado e tem consciência de que o Rei não se contentará com nada exceto a sua destruição.

Minha querida filha,

Agradeçamos a Deus: tenho boa saúde de corpo e bom sossego de ânimo, e das coisas terrenas não desejo senão as que tenho. Suplico-Lhe que faça com que vos alegreis

---

(9) John Harris, a quem More, numa carta, se dirige como *gentle John*, «amável John», foi tutor dos filhos de More e mais tarde serviu-lhe de secretário. Nas Sextas-feiras Santas, costumava ler a Paixão de Cristo à família reunida. Casou-se com Dorothy Coly, uma donzela de Margaret Roper. Quando recrudesceu a perseguição contra os católicos, exilou-se nos Países Baixos, onde ensinou latim e grego. Morreu em Namur, na atual Bélgica, em 1565.

todos na esperança do céu. Quanto a todas essas coisas – as do mundo vindouro –, das quais não pouco desejaria falar com todos vós, que o Senhor as ponha nas vossas mentes, como confio que já faz, e muito melhor do que eu, por meio do seu Espírito Santo; que Ele vos abençoe e proteja a todos.

Escrito com um pedaço de carvão pelo teu pai que te ama ternamente, e que nas suas pobres orações não se esquece de nenhum de vós, nem dos vossos pequenos, nem das vossas aias, nem dos vossos bons esposos, nem das vivazes mulheres de tão bons maridos, nem tampouco da tão vivaz esposa do teu pai, nem de nenhum dos nossos amigos. Despeço-me agora de todo o coração por falta de papel para mais.

Thomas More, Cavaleiro

Que o Senhor me conserve sempre verdadeiramente fiel e sincero; caso contrário, suplico-lhe de coração que não me deixe viver mais. Não busco nem desejo uma vida longa (como te disse com frequência, Meg), mas estou bem contente de ir-me, se Deus me chamar daqui amanhã. E dou graças ao Senhor porque não desejo a nenhuma pessoa viva que conheço uma simples alfinetada por minha causa; e por causa deste estado de ânimo, estou mais alegre do que se me fosse oferecido o mundo inteiro.

Dá as minhas recomendações ao teu esperto marido Will, aos meus outros filhos e a John Harris, meu amigo, e tu sabes bem a quem mais, e sobretudo à minha vivaz mulher, e que Deus vos guarde a todos e vos tenha sempre como seus servidores.

2. A Margaret Roper
Torre de Londres, abril de 1534

More descreve nesta carta a audiência diante da Comissão nomeada para receber, em nome da Coroa, o juramento de conformidade com o Ato de Sucessão, que teve lugar no palácio de Lambeth, no dia 13 de abril. Os «Lordes» ali reunidos eram: Thomas Cranmer, *arcebispo de Canterbury* («mylord *de Canterbury»);* Sir Thomas Audley, *Lorde-chanceler* («mylord *Chanceler»);* Thomas Cromwell, *o «senhor Secretário» [do Rei] ;* William Benson, *o abade de Westminster* («mylord *de Westminster»)*[10]; Thomas Howard, *o duque de Norfolk; e o duque de Suffolk.*

Como vimos, nesse mesmo dia, depois de um segundo interrogatório, More foi preso e entregue à custódia do abade de Westminster. Quatro dias mais tarde, foi levado para a Torre de Londres. Vale a pena reparar na firmeza serena e delicada com que rebate os argumentos dos seus acusadores.

Quando me apresentei diante dos Lordes em Lambeth, fui o primeiro a ser chamado, embora o senhor vigário de

---

(10) William Benson (ou Boston), monge beneditino, estudou em Cambridge e recebeu o título de doutor em teologia em 1528; cinco anos depois, foi eleito abade de Westminster, possivelmente graças a certa quantia de dinheiro que fizera chegar a Cromwell. Em 1540, entregou a abadia ao Rei. Na Convocação de 1547, declarou-se a favor do casamento dos clérigos, mas ele mesmo, ao que parece, não chegou a casar-se. Morreu em 1549.

Croydon e alguns outros tivessem chegado antes. Depois de me explicarem a razão pela qual eu fora citado dessa forma (surpreendeu-me ver que eu era o único leigo chamado), manifestei o desejo de ver o texto do juramento. Mostraram-me o texto, que trazia o grande selo real. A seguir, pedi o Ato de Sucessão, documento que me foi entregue num rolo impresso.

Depois de ter lido para mim mesmo os dois escritos e comparado um com o outro, expliquei-lhes que não tinha a intenção de criticar o Ato ou o seu autor, nem tampouco o juramento ou nenhum dos que o haviam aceitado, nem condenar a consciência de qualquer outro homem; mas, quanto ao que me dizia respeito, sentia-me em boa-fé de tal maneira movido pela minha consciência nesse assunto que, embora não me negasse a jurar a Sucessão, não podia aceitar o juramento que me era proposto sem pôr a minha alma em perigo de condenação eterna[11].

Expliquei-lhes também que, se achavam que a minha decisão de não jurar se devia exclusivamente a uma certa intranquilidade de consciência ou a algum capricho, estava disposto a dar-lhes satisfação nesse pormenor sob juramento[12]. Mas, se não confiavam em mim, então que sentido tinha propor-me qualquer tipo de juramento? E se pensavam que eu juraria a verdade, então confiava que, graças à sua boa vontade, não me obrigariam a fazer o juramento que me propunham, percebendo que fazê-lo iria contra a minha consciência.

---

(11) O texto do juramento implicava a aceitação completa do Ato de Sucessão, cujo preâmbulo já conferia ao Rei o título de Cabeça Suprema da Igreja da Inglaterra.

(12) Por exemplo, jurando que não abrigava nenhuma intenção de trair o Rei, ou algo equivalente.

Mylord Chanceler [Thomas Audley] respondeu a isso dizendo que lhes doía a todos ouvir-me falar assim e ver-me rejeitar o juramento. E todos disseram que, na verdade, eu era o primeiro a rejeitá-lo, o que levaria sua Alteza o Rei a conceber suspeitas acerca de mim e uma grande indignação contra mim. A seguir, mostraram-me o pergaminho e deixaram-me ver os nomes dos membros dos Lordes e dos Comuns que já haviam jurado e assinado. Apesar de tudo, quando viram que eu continuava a recusar-me a jurar, mas não censurava os que haviam jurado, mandaram-me descer ao jardim. Permaneci algum tempo na velha sala que dá para o jardim, mas não quis sair por causa do calor.

Uma representação teatral[13]

Dessa sala, vi o Doutor Latimer[14] chegar ao jardim e passear por ali com vários outros doutores e capelães de *mylord* de Canterbury [Thomas Cranmer], e pareceu-me muito contente, pois sorria e abraçava um ou dois pelo pescoço tão primorosamente que, se fossem mulheres, pensaria que ele se tinha transformado num veleidoso galã. Depois chegou o Doutor Wilson[15], que acabava de ser in-

---

(13) More compara as cenas que assistirá a seguir com um *pageant*, tipo de peça de teatro de fundo moral e religioso muito comum na época.

(14) Hugh Latimer (c. 1492-1555), sacerdote e doutor em teologia, pró-luterano, pusera-se em fins do ano anterior a serviço de Cranmer e acabava de ser nomeado pregador do Rei. Mais tarde, chegaria a capelão e seria feito bispo de Worcester, mas morreria condenado à fogueira sob Maria Tudor.

(15) Nicholas Wilson estudou em Cambridge e, até 1527, foi capelão e confessor de Henrique VIII. Juntamente com More, havia examinado tudo o que

terrogado pelos Lordes e passou perto de mim conduzido por dois cavalheiros, e muito cavalheirescamente foi enviado direto para a Torre.

Ignoro em que momento *mylord* de Rochester [o bispo de Rochester, John Fisher] compareceu diante dos Lordes. À noite, ouvi dizer que havia prestado depoimento, mas onde passou essa noite e depois, até ser trazido para cá, nunca cheguei a sabê-lo. Também ouvi dizer que o senhor vigário de Croydon[16] e todos os outros sacerdotes de Londres que foram chamados prestaram o juramento e receberam tratamento de favor por parte do Conselho, que não os fez demorar-se nem esperar longamente para seu incômodo (como acontecia às vezes com os suplicantes); antes pelo contrário, retiraram-se depressa, muito aliviados, tanto que o vigário de Croydon, quer por alegria, quer por secura, ou talvez para que os outros o vissem *(quod ille notus erat pontifici)*[17], foi à despensa-

---

dizia respeito ao assunto do divórcio. Em 1533, unira-se aos que defendiam o poder do Papa; chamado a prestar o juramento no mesmo dia que More, recusou-se também a fazê-lo e foi encarcerado na Torre sem maiores delongas. Privado dos seus bens e condenado à prisão perpétua, Wilson começaria a fraquejar pouco depois, como veremos pelas *Cartas n. 8* e 9; em 1537, acabaria por aceitar o juramento e por ser perdoado, e em 1539 submeter-se-ia completamente à nova autoridade, declarando a sua intenção de aceitar tudo aquilo que o Rei e os bispos declarassem sobre questões doutrinais e disciplinares. Permanentemente hesitante e angustiado, porém, voltaria a ser detido no ano seguinte e enviado por mais um período à Torre. Morreu em 1548.

(16) Rowland Philips, sacerdote londrino, era conhecido como um dos pregadores mais eloquentes da época. Na Convocação de 1523, defendera firmemente a Igreja contra os altos impostos que o Rei desejava impor-lhe, mas, ao ser chamado para prestar o juramento, não hesitou um só momento em fazê-lo. Sir Thomas descreve a sua atitude com uma ironia dolorida.

(17) Referência a Jo 18, 15: «Esse [discípulo] era conhecido do pontífice...». A frase remete para o significado moral do *pageant*, aludindo à cena em que Cristo, traído por Judas, é levado à presença dos sumos-sacerdotes judeus e Pedro o nega por três vezes.

-adega do arcebispo, pediu uma bebida e a bebeu *(valde familiariter)*[18].

Segunda confrontação

Quando os que estavam no jardim acabaram a sua pomposa representação teatral e se foram embora, voltei a ser chamado. Deram-me a saber então quantos tinham jurado, de boa vontade e sem levantar nenhum senão, desde que me havia retirado. Disse-lhes que não censurava ninguém, mas que, quanto a mim mesmo, respondia como antes. Tal como antes, acusaram-me de ser obstinado, já que recusava o juramento e não queria declarar que parte do juramento repugnava à minha consciência, revelando assim a causa. Tornei a dizer-lhes que temia que sua Alteza o Rei se desgostasse comigo, como afirmavam, pelo simples fato de eu rejeitar o juramento; e acrescentei que, se agora mostrasse e declarasse as causas, só conseguiria irritar ainda mais sua Alteza, o que não queria fazer de modo algum; antes enfrentaria todo o perigo e dano que pudesse recair sobre mim do que dar a sua Alteza ocasião de mais um desgosto além daquele que a recusa do juramento já me obrigava a dar-lhe por absoluta necessidade.

Ainda assim, quando repetidas vezes me imputaram isso como pertinácia e obstinação, pois nem aceitava o juramento nem declarava as razões, concedi-lhes que, antes de

---

(18) «Muito familiarmente», como se estivesse na sua casa. O «arcebispo» é Cranmer. More retrata com sutil elegância a atitude frívola e descomedida de um homem que, tendo acabado de vender a sua alma, só pensa em jactar-se da sua familiaridade com um dos poderosos do momento.

ser eu tido por obstinado, dar-me-ia por satisfeito se, contando com a permissão do Rei – ou melhor, com uma ordem sua que fosse garantia suficiente de que a minha declaração não ofenderia sua Alteza nem me poria em perigo de infringir nenhum dos seus estatutos –, pudesse declarar-lhe por escrito as minhas razões para não jurar; e, mais ainda, que desde já estava disposto a jurar que, se houvesse algum homem que pudesse responder a essas razões de tal modo que a minha consciência ficasse plenamente satisfeita, eu juraria depois, de todo o coração, também o juramento principal.

Responderam-me a isso que, mesmo que o Rei concedesse oficialmente essa permissão, ela não me livraria da infração contra o estatuto. Disse-lhes que, apesar de tudo, se eu tivesse essa permissão, confiar-me-ia à honradez deles, aceitando no restante o perigo. Mas, ainda assim, que me parecia que, se não podia declarar as causas sem perigo, nesse caso deixar de declará-las não era obstinação.

Primeiro argumento da Comissão: obrigação de obedecer ao soberano

Mylord de Canterbury [Thomas Cranmer], apoiando-se no que eu tinha dito – que não condenava a consciência daqueles que haviam jurado –, disse-me que bem parecia que eu não considerava coisa segura e certa que não poderia jurar legitimamente, mas antes coisa incerta e duvidosa. «Por outro lado», disse-me *mylord,* «sabeis com certeza e como coisa indubitável que estais obrigado a obedecer ao vosso soberano senhor, o Rei. Portanto, estais obrigado a deixar de lado a dúvida da vossa consciência insegura que rejeita o juramento, e a tomar o caminho seguro, obedecendo ao vosso Príncipe e prestando o juramento».

Embora não me parecesse conclusivo, esse argumento pareceu-me de repente tão sutil e revestido de tal autoridade, saindo da boca de tão nobre prelado[19], que não pude responder nada, mas apenas que pensava que não poderia agir assim porque, na minha consciência, este era um dos casos em que estava obrigado a não obedecer ao meu príncipe, pois, por mais que outros pensassem outra coisa nesta matéria (e eu não queria condenar nem julgar as suas consciências e conhecimentos), na minha consciência a verdade parecia estar do outro lado. E não havia formado a minha consciência nem repentina nem frivolamente, mas somente depois de muito tempo e de uma diligente investigação da matéria.

E, na verdade, se esse argumento fosse conclusivo, teríamos um meio expedito de evitar toda a perplexidade, pois em qualquer matéria em que os especialistas se encontrassem em sérias dúvidas, o mandado do Rei, dado em favor do lado que ele escolhesse, resolveria todas as dúvidas.

---

(19) É evidente a ironia destas palavras de More, pois esse argumento significava nada mais nada menos do que tornar o «pensamento único» uma obrigação de consciência. O historiador R.W. Chambers comenta: «Esse argumento vinha a dizer que, em todos os assuntos nos quais não estamos dispostos a condenar as consciências alheias, estamos obrigados, por nós mesmos, a aceitar as ordens do Estado. Ora, semelhante argumento significaria o ponto final e a destruição da liberdade religiosa, da liberdade acadêmica e de toda a liberdade».

Segundo argumento: oposição à maioria

Disse-me então *mylord* de Westminster [William Benson] que, qualquer que fosse a minha opinião sobre o assunto, eu tinha razão para temer que fosse a minha mente a que estivesse equivocada, uma vez que o grande Conselho do reino tinha determinado o contrário, e que portanto deveria mudar a minha consciência.

Respondi-lhe que, se ninguém além de mim estivesse do meu lado, e todo o Parlamento estivesse do outro, deveria então temer muito inclinar-me para a minha própria opinião, sozinha contra tantas. Mas, por outro lado, se em algumas coisas pelas quais rejeito o juramento tinha do meu lado (como creio ter) um conselho tão grande e maior ainda, então não tinha obrigação de mudar a minha consciência e conformá-la com o conselho de apenas um reino contra o conselho geral da Cristandade.

Ameaças sutis

A isso, o senhor Secretário [Thomas Cromwell], como quem se compadece ternamente de mim, disse e jurou um grande juramento: que antes preferia ver o seu próprio filho único[20] (que é na verdade um jovem e excelente cavaleiro, e espero chegue a muita dignidade) perder a cabeça a ver-me a mim rejeitar dessa forma o juramento. Pois certamente sua Alteza o Rei conceberia agora uma grande

---

(20) Gregory Cromwell, «um rapaz tolo, em cuja educação diversos mestres sofreram abundantemente» (*Dictionary of National Biography*, London, 1885-1900, vol. 5, pág. 195).

suspeita contra mim e pensaria que o assunto da monja de Canterbury teria sido planejado sob o meu desígnio[21].

Respondi-lhe que o contrário é que era certo e bem sabido; e que qualquer coisa que por desgraça me viesse a acontecer, não estava em meu poder remediá-la sem perigo para a minha alma.

Tergiversações

A seguir, *mylord* Chanceler [Thomas Audley] repetiu diante de mim a minha resposta ao senhor Secretário, pois era este quem ia informar o Rei. E nessa relação sua Senhoria repetiu novamente que eu não me negava a jurar a Sucessão, mas que o faria com satisfação. Ao que lhe respondi que, sobre este ponto, eu estaria satisfeito se pudesse ver o meu juramento redigido de tal maneira que pudesse estar de acordo com a minha consciência.

Disse então *mylord:* «Por Deus, senhor Secretário, tomai também nota disto: que também não jurará isso, se não for de certa maneira».

«Não, *mylord*», respondi-lhe, «mas preciso primeiro vê-lo redigido de tal forma que eu não cometa perjúrio nem jure contra a minha consciência. Certamente não vejo perigo em jurar a Sucessão, mas pensei e penso ser razoável que, sendo eu quem há de prestar o juramento, seja também eu quem o examine bem, e julgue com prudência quanto à maneira de fazê-lo, e não aponha a mi-

(21) Cromwell acena com a possibilidade de requentar o assunto da Donzela de Kent, embora sem grande convicção, pois sabia muito bem que seria impossível conseguir uma condenação com base nas «provas» de que dispunha.

nha assinatura ao juramento inteiro quando nunca tive intenção de jurar uma das suas partes. Seja como for (e Deus me ajude), no que se refere ao juramento inteiro, nunca afastei ninguém dele, nem jamais aconselhei ninguém a rejeitá-lo, nem nunca pus nem porei escrúpulo algum na mente de qualquer homem, mas deixo cada homem entregue à sua própria consciência. E, na verdade, esta parece-me uma boa razão para que todos me deixem entregue à minha».

3. A Margaret Roper

Torre de Londres, maio de 1534

Esta carta responde a outra de Margaret que não se conservou. Depreende-se do teor da resposta que a filha implorava ao pai que prestasse o juramento ou lhe dissesse os seus motivos para não fazê-lo. Vê-se que More ficou muito angustiado por esse pedido e que lhe doía de forma especialmente aguda ter de fazer os seus familiares sofrerem sem poder remediar a situação. Por outro lado, não cede um milímetro, pois tem clara consciência de que nunca se consegue remediar um mal com outro mal, um pecado por meio de outro, e alude à Paixão de Cristo, o seu principal tema de meditação na Torre.

Que o Senhor vos abençoe a todos.

Minha queridíssima filha, se durante todo este tempo eu não tivesse estado firme e muito decidido (confio na grande misericórdia de Deus), a tua lamentável carta não me teria consternado pouco; muito mais, sem dúvida, do que todas as outras coisas terríveis, das quais ouço em diversas ocasiões, que me aguardam não poucas. Mas, na verdade, nenhuma delas me feriu tão de perto nem me foi tão dolorosa como ver-te a ti, minha filha queridíssima, esforçando-te apaixonada e chorosamente por persuadir-me de uma coisa na qual, por absoluta necessidade e por respeito à minha própria alma, já te respondi anteriormente com tanta frequência e de maneira tão precisa.

Quanto aos pontos da tua carta, não posso dar-te nenhuma resposta, porque não duvido de que te lembras bem de que te mostrei diversas vezes que não revelarei a nenhum homem as coisas que movem a minha consciência (e não posso falar delas sem declará-las). Portanto, Margaret, minha filha, não posso ir mais longe neste assunto, mas como forcejas novamente para que eu siga a tua opinião, só me resta desejar e rezar para que deixes de fazer esse esforço e te dês por satisfeita com as respostas de antes.

Causa-me uma tristeza muito mais terrível do que ouvir falar da minha própria morte (pois o medo dela se apazigua cada dia, graças a Deus, ao meditar diariamente sobre o temor do inferno, a esperança do céu e a paixão de Cristo), causa-me uma pena muito mais aguda, dizia-te, ver o meu bom filho, teu esposo, e ver-te a ti, filha querida, e ver a minha boa esposa, e os meus outros bons filhos e amigos inocentes, em tanta desgraça e em perigo de padecer um dano grave. Como não está na minha mão impedi-lo, não posso senão recomendar tudo a Deus. *Nam in manu Dei,* diz a Escritura, *cor regis est, et sicut divisiones aquarum quocumque voluerit, impellit illud*[22]. À Sua infinita bondade suplico humildemente que incline o coração nobre de sua Alteza real ao terno favor por todos vós, e que não me favoreça a mim mais do que Deus e eu mesmo sabemos que merecem o meu coração fiel para com o Rei e a minha oração diária por ele. Pois certamente, se sua Alteza pudesse ver por dentro a minha verdadei-

(22) «Pois o coração do rei está na mão de Deus, e, como as correntes das águas, para onde Ele quiser, para ali o inclinará». Cfr. Prov 21,1. Esta mesma citação repete-se na carta de More a Nicholas Wilson (*Carta n. 9* desta edição).

ra mente tal como Deus a conhece, confio que rapidamente suavizaria o seu grande desgosto.

Entretanto, nada posso fazer neste mundo para mostrar o meu ânimo e impedir que o Rei pense de mim o contrário. Só me resta pôr tudo nas mãos dAquele por quem sofro e aguento esta prova, por temor de desgostá-lo, para salvaguardar a minha alma movida pela minha própria consciência (sem atacar nem julgar a de nenhum outro homem). Suplico-Lhe que me tire desta prova e me leve, quando for da sua vontade, à Sua felicidade sem fim do céu e, enquanto não chega esse momento, que nos dê, a mim e a vós, a graça de recorrermos prostrados, devotamente, em todas as nossas tribulações e agonias, à lembrança daquela amarga agonia que o nosso Salvador sofreu antes da sua Paixão no Monte [Calvário]. E se o fizermos diligentemente, estou certíssimo de que encontraremos nela grande fortaleza e consolo. E assim, minha querida filha, que o bendito espírito de Cristo vos governe e vos guie a todos pela sua terna misericórdia, para seu deleite e para vosso bem-estar, e vos fortaleça em corpo e alma.

Teu pai que te ama ternamente,

Thomas More, Cavaleiro

4. Margaret Roper a Thomas More
Maio de 1534

Nesta carta, Margaret demonstra ter mudado de atitude: ao invés de recriminar o pai, procura apenas consolá-lo. Note-se a qualidade feminina que permeia toda a carta: os vestidos, o «palácio da alma», a beleza corporal e espiritual

Meu querido pai:

Não é pequeno consolo para mim, já que não posso falar contigo da maneira que quereria, deleitar-me neste tempo amargo da tua ausência da forma que posso, escrevendo-te com tanta frequência como seja possível e lendo uma e outra vez a tua muito frutífera e deliciosa carta, fiel mensageira da tua mente virtuosa e espiritual, livre de todo o amor corrupto pelas coisas mundanas, e atado fortemente apenas ao amor de Deus e ao desejo do céu, como é próprio de um verdadeiro adorador e servo fiel de Deus, que, não duvido, meu bom pai, mantém a Sua santa mão sobre ti e te guardará (como o fez até agora) em corpo e alma *(ut sit mens sana in corpore sano*[23]*)*, especialmente agora que rejeitaste todas as consolações terrenas e te resignaste de boa vontade, com alegria e inteiramente por amor dEle, à Sua santa proteção.

---

(23) «Para que uma alma sadia habite um corpo sadio»; provérbio oriundo da Sátira X do poeta romano Juvenal.

Pai, qual pensas que tem sido o nosso consolo desde a tua partida? Pois não é outro, sem dúvida, que a experiência que tivemos da tua vida passada e do teu comportamento piedoso, e do teu conselho acertado, e do teu exemplo de virtude, e a certeza não só de que tudo isso continuará, mas também de que crescerá muito pela bondade de Deus, para grande sossego e alegria do teu coração vazio de todas as miudezas mundanas e engalanado com a nobre veste das virtudes celestiais, um palácio agradável para que o Espírito Santo de Deus nele descanse; que Ele te defenda (como não duvido, bom pai, de que por sua bondade o fará) de toda a tribulação de corpo e alma, e dê a esta filha obediente, tua serva que tanto te ama, e a todos nós, teus filhos e amigos, a graça de seguir o que louvamos em ti. Que te recordemos e falemos de ti como nosso único consolo, para que possamos no fim encontrar-nos contigo, meu queridíssimo pai, na felicidade do céu, para a qual o nosso misericordiosíssimo Senhor nos comprou com o seu precioso Sangue [cfr. 1 Pe 1, 18-19].

A tua obediente filha, que tanto te ama e reza por ti, Margaret Roper, que desejaria acima de todas as coisas mundanas estar aí no lugar de John Wood[24], para servir-te de alguma maneira. Mas vivemos na esperança de que em breve voltaremos a ter-te entre nós. Peço a Deus de todo o coração que assim seja, se for da Sua santa vontade.

---

(24) O criado que acompanhou Sir Thomas na Torre e que, muito provavelmente, tirou dali os seus manuscritos, papéis, etc. e os encaminhou aos familiares. Para poder permanecer ao lado do seu senhor, Wood teve de jurar que passaria informações sobre tudo o que More dissesse ou escrevesse contra o Rei, o Conselho ou o estado do reino. Quando foi decapitado, More vestia uma túnica cinzenta de lã grosseira que pertencia a Wood.

5. A todos os seus amigos

Torre de Londres, 1534

Este bilhete é uma espécie de «circular» aos amigos. More foi muito conhecido pela facilidade com que fazia amigos e pela fidelidade com que conservava as amizades. Um dos seus primeiros biógrafos, Nicholas Harspsfield, escreve que, «depois de ter feito amizade com qualquer pessoa, era sumamente cuidadoso e vigilante em mantê-la e alimentá-la».

A todos os meus queridos amigos.

Como estou na prisão, não sei dizer que necessidade eu possa ter, ou em que indigência possa encontrar-me. Suplico-vos pois a todos de coração que, se a minha queridíssima filha Margaret Roper – a única que entre todos os meus amigos tem permissão para visitar-me por gracioso favor do Rei – deseja qualquer coisa de qualquer um de vós, algo de que eu necessite, suplico-vos que a considereis e atendais não menos do que faríeis se eu me dirigisse a vós e vos fizesse essa súplica estando presente em pessoa. Suplico-vos a todos que rezeis por mim, e eu rezarei por vós.

Vosso fiel amigo e pobre intercessor,

Thomas More, Cavaleiro, prisioneiro

6. Alice Alington a Margaret Roper
17 de agosto de 1534

Alice Alington *era filha da segunda mulher de Thomas More, lady Alice. Era dois ou três anos mais velha que Margaret, mas cresceu e educou-se com ela e com as outras filhas de More. Casou-se em 1516 com Thomas Elryngton e, depois de enviuvar, contraiu segundas núpcias com Sir Gyles Alington. O casal teve cinco filhas e quatro filhos. Há quem afirme que a atual rainha da Inglaterra descende desta Alice.*

Nesta breve carta, Alice transmite a Margaret, evidentemente para que seja comunicado a Thomas More, um «recado» sob a forma de duas fábulas que lhe foi transmitido por Lord Audley. O Chanceler aparece revestido da estupidez de quem se orgulha da sua ignorância e do seu cinismo.

Era habitual na época atribuir todo o tipo de contos de fundo moral a Esopo, o conhecido fabulista grego que parece ter vivido como escravo em Samos, no século VI a.C. Na Carta n. 7, *More mostra de passagem que uma dessas fábulas não podia ser de Esopo, por pressupor um contexto cristão.*

Irmã Roper, recomendo-me a ti de todo o coração, agradecendo-te todas as tuas atenções.

Escrevo-te agora para te contar que, menos de duas horas depois de chegar a sua casa, *mylord* Chanceler [Thomas Audley] veio caçar um gamo na nossa propriedade, e foi um grande alívio para o meu esposo que agradasse a *mylord* fazê-lo. Depois de se ter recreado e matado o seu gamo, foi dormir em casa de Sir Thomas Barmeston, e para lá me dirigi no dia seguinte, pois era esse o seu desejo, um desejo ao qual não podia dizer que não, porque pensei que me convidava de todo o coração, e sobretudo porque queria falar-lhe em favor de meu pai.

Quando vi a oportunidade, expressei-lhe tão humildemente como pude o meu desejo de que, por favor, continuasse a ser um senhor benévolo para com o meu pai, como tinha ouvido dizer que o era sempre. Ele disse-me que o seu favor tinha ficado bem claro quando o assunto da Donzela [de Kent] fora imputado a Sir Thomas. E, no que se referia a este novo assunto [a recusa do juramento], estava assombrado de que o meu pai fosse tão obstinado na sua própria opinião, já que todos tinham aceitado fazê-lo juntamente com todos, com exceção do bispo obcecado [John Fisher] e dele.

«Na verdade», continuou *mylord,* «alegro-me muito de não conhecer nada senão algumas fábulas de Esopo, das quais te contarei uma. Havia um país onde quase todos os habitantes eram tolos, salvo alguns poucos, que eram sábios. E souberam estes pela sua sabedoria que estava para cair uma grande chuva que tornaria tolos todos os que ela molhasse ou sujasse. À vista disso, fizeram covas debaixo da terra [onde abrigar-se] até que passasse toda a chuva. Depois saíram, pensando que poderiam fazer com os tolos o que bem lhes agradasse e governá-los a seu bel-prazer. Mas os tolos não quiseram nada disso, pois pretendiam governar-se a si mesmos, apesar da sua tolice. E quando os sábios viram que não poderiam conseguir o seu propósito, desejaram ter estado na chuva e sujado as suas vestes juntamente com eles».

Terminado o conto, *mylord* riu-se muito divertido. Disse-lhe então que, apesar da sua divertida fábula, não tinha dúvida de que seria bom com o meu pai quando tivesse oportunidade. Respondeu-me: «Oxalá o teu pai não fosse tão escrupuloso de consciência». E então contou-me outra fábula: a do leão, do burro e do lobo que foram à confissão.

«Confessou-se primeiro o leão, [acusando-se] de ter devorado todos os animais que pudera encontrar no seu caminho. O confessor deu-lhe a absolvição porque era um rei, e também porque era próprio da sua natureza comportar-se assim. Veio depois o pobre burro e disse que tinha roubado, de pura fome, uma única palha das sandálias do seu amo, e que pensava que o seu amo tinha apanhado um resfriado por causa disso. O confessor não pôde absolvê-lo dessa enorme ofensa, e enviou-o imediatamente ao bispo. Veio depois o lobo, confessou-se e foi-lhe rigorosamente ordenado que não comesse mais do que seis reais por refeição. Mas depois de o sobredito lobo ter praticado essa dieta por um breve tempo, pôs-se muito faminto, tanto que um dia, ao encontrar à sua passagem uma vaca com o seu bezerro, disse de si para si: "Estou muito faminto e comeria com todo o gosto, mas estou comprometido com o meu pai espiritual. No entanto, cabe à minha consciência julgar o caso. Pois bem, se assim é, a minha consciência será esta: que agora me parece que a vaca não vale senão quatro reais, e se a vaca não vale senão quatro reais, então o bezerro não pode valer mais do que dois". Dito isso, o lobo devorou a vaca junto com o seu bezerro».

Bem, que pensas agora, minha irmã? Não são divertidas essas duas fábulas de *mylord? A* verdade é que não me agradam nada, nem soube o que dizer porque estava consternada com a resposta de *mylord.* E não vejo melhor súplica do que a que se dirige a Deus todo-poderoso, porque Ele é alívio em todas as penas e não deixará de enviar a sua fortaleza aos seus servidores quando mais precisarem dela. Adeus, minha querida irmã.

Escrito apressadamente na segunda-feira depois do dia de São Lourenço pela

Tua irmã, Lady

Alice Alington

7. Margaret Roper a Alice Alington
Agosto de 1534

Esta carta, resposta à anterior, talvez tenha sido redigida conjuntamente pelo pai e pela filha. Narra um diálogo emocionante entre os dois, que More aproveitaria também como núcleo do Diálogo do Consolo na Tribulação. *Margaret, como se verá, voltou a alarmar-se com a carta de lady Alington e discute respeitosa mas vigorosamente com Sir Thomas para levá-lo a prestar o juramento; este trata a filha com amável e indulgente ironia, chamando-lhe diversas vezes «senhora Eva», com o que alude à passagem do Gênesis em que Eva, induzida pela serpente, arrasta Adão a cair em tentação.*

A fábula dos sábios e dos tolos, tal como tinha sido narrada pelo Chanceler Audley, encerrava a moral de que, quem pretende passar por mais sábio do que os outros a fim de governá-los, acaba por ser mais tolo do que eles. Sugeria assim que More só queria opor-se à vontade da maioria por orgulho ou por uma secreta ambição de poder, mas que acabaria por se dar mal. Ora, o humanista, que já na Utopia *tinha posto em ridículo esses vícios, irrita-se com a sugestão de que a sua obstinação se deveria a um secreto desejo de governar. Finge não entender o que lord Audley pretende dizer com a fábula, mas responde contundentemente com uma alusão a Boécio, o filósofo cristão encarcerado pelo rei bárbaro Teodorico, no século IV, e que na prisão escreveu a conhecida* Consolação pela Filosofia, *que era um dos livros favoritos de Sir Thomas.*

A segunda fábula que Audley mandara transmitir-lhe –a do leão, do burro e do lobo que foram confessar-se –, era na sua boca uma analogia elementar e transparente. O leão representava o Rei, que fazia o que queria sem prestar contas a ninguém; ou seja, o abuso de poder seria inerente ao cargo do soberano. O lobo representava todos os ambiciosos que torciam a sua consciência em função das conveniências do momento, ou seja, a imensa maioria do reino naquele momento. O burro escrupuloso representava More, e o bispo a quem o confessor o remeteu talvez fosse uma alusão a Fisher. Sir Thomas, novamente, finge não compreender a que alude o Chanceler, mas reconhece-se serenamente no burro. Apenas faz questão, de ressaltar que não «pendurou a sua alma com um alfinete das costas de nenhum outro homem», ou seja, que, por mais que respeitasse os outros, tinha julgado pessoalmente o assunto, em consciência. E conta a seguir, com muito bom-humor, a fábula inventada ad hoc *do camponês chamado «Companhia», um apólogo sobre a necessidade de formar bem a própria consciência diante de Deus.*

More consola a filha com um paradoxo justamente famoso: «um homem pode perder a sua cabeça sem sofrer dano algum». Quer dizer com isso que, mesmo que seja condenado injustamente à morte, não sofrerá nenhum dano real, porque a verdadeira realidade é a eterna e o único mal real é o pecado. O próprio More, fazendo-se eco de um sermão de São João Crisóstomo e de Erasmo de Rotterdam, havia escrito antes em diversas cartas que «nenhum homem pode sofrer mal algum se não é de si próprio».

A carta termina com uma comovente manifestação de humildade e confiança em Deus da parte de More. Uma das frases finais – «Nada pode acontecer senão o que Deus quer. E tenho plena certeza de que, aconteça o que acontecer, por muito mau que pareça, será na verdade o melhor» – é citada pelo Catecismo da Igreja Católica *no ponto 313, sobre a Providência divina.*

Notícias gerais

Na primeira visita que fiz ao meu pai depois de receber a tua carta, pareceu-me conveniente e necessário mostrá-la a ele. Conveniente, para que assim pudesse ver a tua carinhosa preocupação por ele. Necessário, para que dessa maneira pudesse dar-se conta de que, se se mantiver no seu escrúpulo de consciência (ao menos, é assim que lhe chamam muitos dos que são seus amigos e homens prudentes), todos os amigos que parecem mais capazes de prestar-lhe ajuda acabarão por abandoná-lo, ou talvez deixem de poder ajudá-lo de qualquer forma que seja.

Por estas razões, assim que estive com ele depois de receber a tua carta, após conversarmos um pouco dos seus achaques – o do peito, que já tinha de tempos atrás, e agora o dos rins, por causa de pedras, e também do intumescimento que em algumas noites tem nas pernas[25] –, pude ver pelas suas palavras que não tinham piorado muito, mas que continuavam como antes, algumas vezes doendo muito e outras afligindo-o muito pouco. Desta vez, encontrei-o sem dor e – depois de ter rezado os sete Salmos e as ladainhas[26] – com muito boa disposição (tanto como

(25) É provável que More sofresse de uma lesão cervical ou de angina.

(26) Margaret refere-se aos sete Salmos chamados «penitenciais» porque neles o salmista pede perdão a Deus pelos seus pecados. São os Salmos 6, 31, 37, 50, 101, 129 e 142. Na casa de More, em Chelsea, costumava-se rezá-los diariamente, e logo a seguir as ladainhas dos santos. A oração da noite consistia nos salmos 24, 61 e 50, seguidos da *Salve Regina* e do *De profundis*.

pode alguém estar num caso desses) para sentar-se, conversar e alegrar-se. Começamos a falar, entre outras coisas, da melhora da minha mãe e da boa atitude do meu irmão, e de todas as minhas irmãs, e ele mostrando-se disposto, cada dia mais e mais, a ter em pouco o mundo e a aproximar-se mais e mais de Deus; e falamos também de que a sua família, os seus vizinhos e outros bons amigos do lado de fora o recomendavam assiduamente a Deus nas suas orações.

Primeiro argumento de Margaret: obrigação de obedecer ao Rei. Aviso de que o perigo é grave

A seguir, acrescentei: «Pai, peço a Deus que as orações deles e as nossas, e as tuas, obtenham de Deus a graça de poderes com o tempo chegar a uma decisão neste importante assunto (pelo qual te encontras neste apuro e, por tua causa, todos nós que te amamos), uma decisão que, sendo do agrado de Deus, possa também dar contentamento e gosto ao Rei. Ele sempre esteve tão singularmente bem disposto em teu favor que, se te recusasses inflexivelmente a satisfazê-lo – coisa que [aliás] poderias fazer sem desgostar a Deus (como muitos homens muito sábios e muito letrados dizem que podes fazer neste assunto) –, seria uma séria mancha na tua dignidade, na opinião de todo o homem sábio, e seria igualmente um perigo para a tua alma, como eu mesma ouvi dizer a alguns (que tu sempre consideraste bons e eruditos).

«Seja como for, meu pai, não terei a ousadia de discutir sobre isto, pois confio em Deus, e na tua boa cabeça, em que certamente o compreenderás. Conheço a tua erudição e sei que podes muito bem fazê-lo. Mas há uma coisa que eu e teus amigos do lado de fora encontramos e vemos, e que, se não te for declarada, poderia acontecer que te enganasses – talvez com grande perigo para ti –, esperando receber um dano menor (pois já sei que não esperas nada de bom neste mundo por causa deste assunto) do que aquele que, segundo receio muito, vai provavelmente recair sobre ti. Pois eu te asseguro, pai, que recebi há pouco uma carta da minha irmã Alington pela qual vejo claramente que, se não mudares de pensamento, acabarás provavelmente por perder todos os amigos que te podem ajudar; ou, se não perderes a sua boa vontade, ao menos perderás os seus efeitos, isto é, qualquer coisa de bom que pudessem fazer por ti».

Resposta de Sir Thomas ao primeiro argumento

O meu pai olhou-me com um sorriso e disse: «O que ouço, senhora Eva, como te chamei na tua primeira visita? Por acaso a minha filha Alington fez o papel da serpente contigo e com uma carta te pôs a trabalhar para vires e tentares outra vez o teu pai, e, a fim de lhe fazeres um favor, te esforças por levá-lo a jurar contra a sua consciência e assim mandá-lo para o diabo?»

Depois disso, voltou a olhar-me com tristeza, e continuou em tom sério: «Minha filha Margaret, já conversamos os dois mais de duas ou três vezes sobre este assunto, e sobre o mesmo que me dizes agora, e duas vezes me falaste também deste temor, e duas vezes também te respondi que, se neste assunto me fosse possível fazer aquilo que contentasse o Rei sem com isso ofender a Deus, não haveria homem algum que prestasse esse juramento com mais alegria do que eu, como alguém que se sabe mais profundamente obrigado para com sua Alteza o Rei do que todos os outros, pela generosidade muito singular que mostrou e declarou de muitas maneiras. Mas, como se interpõe a minha consciência, não posso fazê-lo de maneira nenhuma. E para instruir a minha consciência sobre este assunto, não o vi superficialmente, mas estudei-o e consultei-o durante muitos anos, e mesmo assim nunca pude – e penso que nunca poderei – ver nem ouvir alguma coisa que induzisse a minha mente a pensar de outra maneira.

«Não posso remediá-lo de forma alguma, pois foi Deus quem me pôs neste aperto: ou desagradar-lhe mortalmente, ou aceitar qualquer dano temporal que Ele permita que venha a recair sobre mim pelos meus outros pecados, servindo-se deste assunto. Sobre o qual, como já vos disse a ambas, ainda antes de vir para cá, não deixei de pensar nem de considerar o que de pior e mais atroz poderia acontecer comigo. E, embora conheça muito bem a minha própria fragilidade e a natural fraqueza do meu coração, podes estar certa de que não teria vindo para cá se não tivesse confiado em que Deus me daria forças para suportar qualquer coisa antes que ofendê-lo jurando sacrilegamente contra a minha própria consciência. E, como neste assunto só tenho os olhos postos em Deus, muito pouco me importa que as pessoas lhe deem o nome que bem lhes agrade e digam que não se trata de consciência, mas de um tolo escrúpulo».

Segundo argumento: perderá todos os amigos.
A carta de Alice Alington

Aproveitei a menção dessa palavra para dizer-lhe: «Na verdade, pai, quanto a mim, desconfiar das tuas boas disposições ou da tua instrução é coisa que não faço nem pode ter cabimento em mim. Mas, já que falas daquilo a que alguns chamam mero escrúpulo, asseguro-te, como verás agora pela carta da minha irmã, que um dos personagens mais poderosos deste reino, que é também um homem bem instruído, e que é (como – suponho – tu mesmo verás quando souberes quem é, pois tu mesmo já tiveste provas tangíveis disso) teu amigo sincero e teu protetor muito especial, asseguro-te que esse homem toma a tua consciência neste caso como um simples escrúpulo, e podes ter a certeza de que o diz com boa intenção e alegando uma causa nada desprezível. Pois afirma que, nesse ponto em que tu dizes que a tua consciência te move a isto, todos os nobres deste reino e também quase todos os outros homens fazem animosamente o contrário, sem levantar nenhum reparo, com exceção de ti e de apenas um outro homem [o bispo de Rochester, São John Fisher]. Embora esse outro homem seja muito bom e também muito instruído, penso que poucos dentre os que te querem bem te aconselharão a inclinar-te somente para a opinião dele contra a de todos os outros».

Nesse momento, dei-lhe a tua carta, para que visse que as minhas palavras não eram inventadas, mas tinham sido pronunciadas pela boca daquela pessoa a quem meu pai estima e respeita muito [o Lorde-chanceler Thomas Audley]. Leu a tua carta imediatamente. Quando chegou ao fim, voltou de novo ao princípio e leu-a toda outra vez. Fez a leitura sem pressa nenhuma, considerando-a devagar e ponderando cada palavra.

Resposta ao segundo argumento e à carta de Alice Alington: parte geral

Depois fez uma pausa e disse-me: «Margaret, minha filha, vejo que a minha filha Alington é a mesma que sempre foi, e espero que continue sempre assim, tão filialmente preocupada comigo como tu, que és a minha própria filha. Ela é para mim de verdade a minha filha, pois casei-me com a mãe dela e a eduquei desde criança como fiz contigo, tanto na educação como em outras coisas. Agradeço a Deus que ela agora tire frutos dessa formação e eduque os seus muito virtuosamente e bem. Deus, a quem dou graças também por isso, concedeu-lhe uma boa provisão de filhos; queira Ele preservá-los e conceder a ela muitas alegrias por causa deles, e igualmente ao meu bom filho, o seu nobre esposo, e ter misericórdia da alma desse meu outro bom filho, o seu primeiro marido. Rezo diariamente por todos eles. Escreve-lhe isto.

«Neste assunto, portou-se ela como é: sabiamente e como uma filha muito minha. No fim da carta, dá um conselho tão bom que bem desejaria eu dá-lo a todo aquele que tenha siso; que Deus me conceda a graça de segui-lo e a premie a ela por dá-lo[27]. Quanto a *mylord*, minha filha

(27) Refere-se ao último parágrafo da *Carta* anterior, em que Lady Alington dizia: «E não vejo melhor súplica do que a que se dirige a Deus todo-poderoso, porque Ele é alívio em todas as penas e não deixará de enviar a sua fortaleza aos seus servidores quando mais precisarem dela».

Margaret, não só penso, mas sempre encontrei nele, sem dúvida, um bom e singular protetor. Naquele meu outro assunto da pobre monja, como o meu caso era bom e justo, ele foi meu bom protetor, e igualmente o senhor Secretário. Por isso, não deixarei nunca de rezar por eles e, na verdade, rezo diariamente pelos dois tal como o faço por mim. Se algum dia chegar a ocorrer – confio em Deus que não ocorrerá nunca – que eu cometa alguma desonestidade e infidelidade contra o meu príncipe, que nenhum dos dois jamais torne a prestar-me algum favor, e realmente seria indecente se o fizessem.

Resposta à fábula dos sábios e dos tolos

«Mas neste assunto, Meg, entre ti e mim, vou dizer-te a verdade: essas fábulas de Esopo que *mylord* conta não me comovem muito. Mas como a sua sabedoria as contou de forma tão divertida para entreter a minha própria filha, responder-lhes-ei da mesma forma para te entreter a ti, Meg, que és outra filha minha.

«A primeira fábula, sobre a chuva que apagou o siso dos que ficaram ao relento enquanto caía, ouvi-a muitas vezes antes. Era relatada tão frequentemente entre os membros do Conselho do Rei por *mylord* o Cardeal[28], quando era Chanceler, que não posso facilmente esquecê-la. Em tempos passados, assim que surgia uma desavença entre o Imperador [Carlos V, do Sacro Império Romano-Germâ-

(28) Refere-se ao cardeal e ex-Chanceler Thomas Wolsey. Durante todo o tempo em que tinha pertencido ao Conselho do Rei, More opusera-se à política guerreira de Wolsey.

nico] e o Rei da França [Francisco I], de forma que parecia muito provável que se lançassem à guerra, como efetivamente ocorreu, alguns aqui no Conselho eram da opinião – segundo eles, sábia – de que deveríamos sentar-nos quietos e deixar que os dois se entendessem entre eles.

«Contra essa atitude, *mylord* o Cardeal sempre se valia dessa fábula sobre os homens sábios que, não querendo molhar-se com a chuva que tornaria tolas todas as pessoas, se refugiaram numas covas, escondendo-se debaixo da terra. Mas quando a chuva já tornara tolos todos os outros, e eles mesmos já tinham saído das suas covas e quiseram demonstrar a sua sabedoria, todos os tolos se puseram de acordo contra eles e ali mesmo os moeram à pancada. Assim aconteceria conosco, dizia sua Eminência, se quiséssemos ser tão sábios que nos sentássemos em paz enquanto os tolos lutavam entre si; não deixariam depois de fazer as pazes e de pôr-se de acordo para, ao fim de tudo, caírem sobre nós. Não pretendo discutir agora o conselho de sua Eminência, e confio em que nunca tenha feito guerra alguma senão quando a razão assim o exigia. Mas o certo é que esta fábula sua contribuiu para que o Rei e o reino gastassem, na sua época, toda uma dinheirama. Enfim, tudo isso já passou, e sua Eminência está morto; que Deus absolva a sua alma.

«Passemos à fábula de Esopo tal como *mylord* o Chanceler a contou tão divertidamente. Se esses sábios, Meg, ao saírem uma vez terminadas as chuvas e encontrarem todos os homens tolos, desejaram também ser tolos para poderem governá-los, parece então que a chuva de tolice foi tão torrencial que, mesmo através da terra, penetrou nas suas covas e lhes caiu sobre as cabeças e lhes molhou toda a pele, tornando-os mais tolos do que os que tinham ficado do lado de fora. Pois, se tivessem uma pitada de siso, teriam enxergado que, mesmo que também fossem tolos, isso não seria razão suficiente para fazer deles governantes dos outros tolos, pela mesma razão por que os outros não podiam governá-los a eles, sábios; e que entre tantos tolos não podiam todos ser governantes.

«Que ansiassem tanto por governar os tolos que, para consegui-lo, teriam perdido com gosto o siso, tornando-se tolos também, mostra que a chuva de tolice os tinha ensopado, e bem. Na verdade, se antes de cair a chuva pensaram que os outros se fariam tolos, e então foram tão tolos que quiseram governar tantos tolos sendo eles tão poucos, ou tão loucos que pensaram que deveriam governá-los, e não tiveram nem ao menos siso suficiente para considerar que não existe ninguém mais ingovernável que aqueles que carecem de inteligência e são tolos, neste caso, esses sábios do conto eram tolos arrematados ainda antes de ter chegado a chuva.

«Depois de tudo, minha filha Roper, quem são os que *mylord* aqui considera sábios e quem os que toma por tolos, não consigo adivinhá-lo bem; não consigo ler facilmente tais enigmas. Porque, assim como Terêncio faz dizer a Davus: *"Non sum Oedipus"* ("Não sou Édipo")[29], posso dizer-te: *"Non sum Oedipus, sed Morus"* ("Não sou Édipo, mas More"), e não preciso dizer-te o que o meu nome significa em grego[30]. Suponho que *mylord* me con-

(29) Da sátira *Andria* (Ato I, II, V, 23), do poeta e satirista Públio Terêncio Afro («Africano», por ser do norte da África, que era colônia romana), que viveu entre 185 e 159 a.C.

(30) Segundo o seu costume, More faz um jogo de palavras com o seu nome, que em grego significa «louco» ou «tolo, imbecil».

te entre os loucos, e assim conto-me também eu, como diz o meu nome em grego. Eu mesmo encontro, graças a Deus, não poucas razões pelas quais vejo que efetivamente deveria considerar-me louco.

«Mas do que não há dúvida é de que Deus e a minha própria consciência sabem com clareza que nenhum homem pode numerar-me e contar-me de verdade entre aqueles que anseiam por ser governantes. E penso que a consciência de cada homem pode dizer-lhe exatamente o mesmo [a meu respeito], pois é bem sabido que pela grande bondade do Rei ocupei os maiores cargos de governo neste nobre reino e que, a instâncias minhas, fui por sua grande bondade dispensado desse cargo.

«Mas, seja quem for que *mylord* Chanceler tome por sábios, e quem for que tenha por tolos, e sejam quais forem os que ambicionem o governo ou os que não o ambicionem, suplico a Deus que nos faça a todos tão sábios que possamos governar-nos tão sabiamente neste tempo de lágrimas, neste vale de misérias, neste mundo infeliz – no qual, como diz Boécio, um ser humano que se orgulhe de governar sobre os outros é muito semelhante a um rato que estivesse orgulhoso de governar outros ratos em um palheiro[31] –, Deus, digo, dê-nos a graça de sabermos governar-nos a nós mesmos tão sabiamente neste mundo que, quando sairmos daqui às pressas ao encontro do grande Esposo, não nos apanhe adormecidos e, por falta de

---

(31) Esta é a passagem a que More alude: «Qual é a natureza do poder que buscais e estimais tão alto? Oh, criaturas da terra, por acaso não conseguis compreender quem é que comandais? Se vísseis um rato fazendo valer os seus direitos e o seu poder sobre os outros numa comunidade de ratos, que riso não vos inspiraria essa cena!» (*De consolatione philosophiae*, livro II; PL 63, 703).

luz nas nossas lâmpadas, se fechem para nós as portas do céu e nos encontremos entre as cinco virgens néscias [cfr. Mt 25, 1-13].

Resposta à fábula do leão, do asno e do lobo

«A segunda fábula, Margaret, não parece ser de Esopo. Como trata de alto a baixo da confissão, tem que ter sido composta depois do início da Cristandade. Pois na Grécia, antes dos dias de Cristo, não se confessavam: os homens de então não o faziam mais do que os animais agora. E Esopo foi grego e morreu muito antes de Cristo ter nascido.

«Mas que importa? Pouco importa quem seja o autor do conto, nem lhe invejo que leve o nome de Esopo. Mas, certamente, a fábula é demasiado sutil para mim. Quem é que o meu senhor toma pelo leão e pelo lobo, que se confessam ambos de rapina e de devorar tudo quanto vinha parar às suas garras, alargando o lobo a sua consciência na interpretação da penitência? Ou quem considera no papel do confessor prudente e bom que impôs a um uma penitência pequena, e a outro nenhuma, e mandou o pobre burro ir ter com o bispo? De todas estas coisas não posso dizer nada.

«Mas, quanto ao burro tolo e escrupuloso, que tinha uma consciência atormentada por ter roubado uma palha do sapato do seu amo por pura fome, as outras palavras de *mylord* sobre o meu escrúpulo mostram que quis referir-se a mim de maneira divertida: querendo dizer (como se vê pela analogia) que, por descuido e insensatez, a minha consciência escrupulosa toma por perigo muito grande para a minha alma prestar o juramento, que *mylord* pensa que não passa de uma bagatela. E suponho, Margaret, como me disseste agora, que assim pensam muitos outros além dele, tanto gente do âmbito temporal como do espiritual, e ainda muitos dentre aqueles que tenho em não pouca estima pela sua virtude e pela sua erudição. No entanto, mesmo que eu supusesse ser isto verdadeiro, não estou muito convencido de que todos os homens pensem o que dizem. Mas, ainda que o fizessem, filha, isso não teria grande efeito sobre mim, mesmo que visse *mylord* de Rochester [John Fisher] dizer o mesmo e prestar o juramento diante de mim.

Não formou a sua consciência em função de outros, nem mesmo do bispo Fisher

«Quando me disseste há pouco que aqueles que me querem bem não me aconselhariam a inclinar-me apenas para a opinião dele, contrariando a de todos os outros, na verdade, filha, também não é isto o que faço. É certo que tenho por ele uma estima tão reverente que me parece não haver em todo este reino um só homem que com ele se compare ao mesmo tempo em sabedoria, erudição e virtude longamente provada. No entanto, pode-se ver muito bem e claramente que neste assunto não me deixei levar por ele, quer porque rejeitei o juramento antes de o proporem a ele, quer porque sua Eminência estava disposto a jurá-lo (como soube por ti quando me urgias a fazê-lo), desde que com algum acréscimo ou com alguma outra mudança em que jamais pensei.

«Minha filha, a verdade é que, sendo Deus meu bom Senhor, não me proponho pendurar a minha alma com um alfinete nas costas de outro homem, nem mesmo do melhor homem que conheço hoje em vida, porque não sei para onde ele haveria de levá-la. Não existe nenhum homem vivo de quem eu possa estar seguro enquanto ele viver. Alguns poderiam fazer algo para prestar um favor, outros por medo, e assim talvez levassem a minha alma por um caminho errado. Alguém poderia, eventualmente, forjar uma consciência para si mesmo, pensando que, como agiu por medo, Deus lhe perdoará. E outros podem talvez pensar que virão a arrepender-se e a confessar-se, e que assim Deus lhes perdoará. Outros ainda talvez opinem que, se disserem uma coisa e ao mesmo tempo pensarem o contrário, Deus olhará mais para o seu coração do que para a sua língua, e por conseguinte pensem que o juramento é sobre o que pensam e não sobre o que dizem, como certa vez raciocinava uma mulher, parece-me, minha filha, estando tu presente.

«Mas, Margaret, não posso usar desses caminhos num assunto tão grave: da mesma maneira que, se a minha própria consciência me instruísse a fazer o juramento, não deixaria de prestá-lo mesmo que outros o rejeitassem, dessa mesma forma, embora outros não o rejeitem, não me atrevo a fazê-lo indo contra a minha própria consciência. Como te disse, se tivesse estudado este assunto superficialmente, teria razão para temer. Mas estudei-o tanto e durante tanto tempo que me proponho ao menos não ter menor respeito pela minha alma do que o que teve certa vez um pobre mas honrado camponês chamado Companhia».

O conto do camponês Companhia

Com isto, passou a narrar-me um conto que mal consigo repetir porque depende de alguns termos e cerimônias do direito. Mas, na medida em que me recordo dele, o conto do meu pai era assim:

Existe em cada feira um tribunal para administrar justiça em litígios ocorridos dentro da mesma feira. Esse tribunal tem um nome disparatado de que não consigo lembrar-me agora com exatidão; começa com «p» e o resto é muito parecido com o nome de um cavalheiro que conheci (e tu também, parece-me, porque esteve com frequência na casa de meu pai quando estavas ali), um homem bastante alto e de compleição escura, cujo nome era Sir William Pounder[32]. Mas, bah!, esquece-te por esta vez do nome da corte, ou chama-lhe, se quiseres, um tribunal «p» Sir William Pounder.

O assunto era o seguinte. Certa vez, na feira de São Bartolomeu, um oficial do fisco de Londres deteve um homem que infringira algum ponto da lei e confiscou-lhe as mercadorias que tinha trazido à feira, expulsando-o de lá por meio de um truque legal. O homem que fora detido e tivera as mercadorias confiscadas era do Norte; por meio dos seus amigos, fez prender o fiscal da feira por causa de uma ação, não sei qual, e levou-o à presença do juiz do tribunal «p» Sir William Pounder, e por fim o seu caso veio a ser julgado por um grupo de doze homens a que chamam «júri» ou «perjúrio», alguma coisa assim[33].

---

(32) Esses tribunais chamavam-se *pounder*, do francês «pied-poudré», «pés empoeirados», porque decidiam no mesmo momento, quando os litigantes ainda tinham os pés empoeirados do caminho percorrido para chegar à feira.

(33) Margaret exagera a sua ignorância por ironia.

Esse homem, pela sua amizade com os oficiais do tribunal, conseguiu que quase todo o júri fosse composto por homens do Norte, escolhidos dentre os que trabalhavam na feira. Chegou a tarde do último dia, os doze homens tinham já escutado as duas partes, e os defensores destas haviam dado as suas versões perante o tribunal; retiraram-se pois os jurados para um lugar à parte, a fim de falar e discutir e pôr-se de acordo quanto à sentença. Não, deixa-me falar melhor com palavras minhas: parece-me que o juiz pronuncia a sentença e que o que o júri diz se chama veredito.

Mal se reuniram, já os homens do Norte estavam de acordo entre si, e igualmente todos os outros, em expulsar o nosso oficial de Londres. Pensavam que não havia necessidade de outras provas de ele ter cometido um erro além do simples título do seu cargo [de fiscal]. Mas havia ali, como quereria o diabo[34], um homem honesto de outro lugar, que se chamava Companhia. E como parecia um tolo e estava ali sentado, quieto e sem dizer nada, não contaram com ele e disseram-lhe: «Já estamos todos de acordo, venha e vamos dar o nosso veredito».

Quando o pobre homem viu que tinham tanta pressa e que a sua mente não chegava à mesma conclusão que eles (se é que as mentes deles tinham chegado à conclusão que diziam), rogou-lhes que esperassem um pouco e falassem sobre o assunto e lhe dessem razões para que pudesse pensar como eles; e que, quando o fizesse, contentar-se-ia de pronunciar o veredito com eles; caso contrário, disse, teriam de perdoá-lo. Pois, como tinha uma alma própria que

(34) Porque gosta de semear cizânia.

salvar, tal como eles, devia falar o que pensava de acordo com a sua alma, assim como eles deviam fazê-lo de acordo com as suas.

Ao ouvir isso, os outros impacientaram-se um pouco com ele. «Mas, que demônios acontece contigo?», disse um deles; «não somos onze e estamos todos de acordo, e tu não és senão um só? Por que nos crias problemas? Aliás, como te chamas, bom homem?» «Senhores», respondeu-lhes o camponês, «o meu nome é Companhia». «Companhia, hein?», disseram. «Pois então, vem, brinca conosco de ser um bom companheiro, vem conosco e passa por boa companhia». «Oxalá se tratasse só disso, meus queridos senhores», disse o homem, «mas, quando nos formos daqui e comparecermos perante Deus e Ele vos mandar para o céu por terdes atuado de acordo com a vossa consciência, e a mim para o inferno por ter agido contra a minha, quando eu cair ali por causa do vosso pedido de "boa companhia", suponde, Master Dickonson (assim se chamava um dos homens do Norte), que então vos dissesse a todos: "Senhores, eu passei certa vez por boa companhia para convosco e esta é a causa de que agora me encontre no inferno. Fazei agora de bons companheiros para comigo, como eu fui convosco por boa companhia, e vinde alguns comigo por boa companhia!" Iríeis, Master Dickonson? Santíssima Virgem, nem pensar! Não, nunca. Nem um só de todos vós. Portanto, deveis desculpar-me de não fazer o que vós fazeis. Não me atreveria a passar por boa companhia a não ser que pensasse neste assunto como vós pensais. Por onde passa a minha pobre alma, por ali passa toda a boa companhia».

Aplicação do conto

Após terminar esse relato, o meu pai prosseguiu: «Peço-te agora, minha querida Margaret, que me digas uma coisa. Desejarias que o teu pobre pai, que tem pelo menos um pouco de instrução, se preocupasse menos com o perigo que corre a sua alma do que aquele bom homem sem instrução? Sabes muito bem que não me intrometo na consciência de ninguém que tenha prestado o juramento, nem assumo para mim o papel de juiz. Se fazem bem, e as suas consciências não os remordem...

«Mas se eu, contra a minha consciência, passo por boa companhia para com eles e juro como eles, quando as nossas almas deixarem este mundo num tempo vindouro e se apresentarem em juízo perante o tribunal do Juiz supremo, e se Ele os enviar para o céu e a mim para o diabo por ter feito como eles fizeram sem pensar como eles pensavam, se então eu dissesse, como esse bom homem Companhia disse: "Meus senhores e meus amigos" (nomeando tal e qual senhor e, sim, talvez alguns bispos dentre aqueles a quem mais quero bem), "eu jurei porque vós jurastes, e fui pelo caminho pelo qual vós fostes; fazei agora outro tanto por mim, não me deixeis ir só; se houver alguma camaradagem em vós, vinde comigo alguns de vós", asseguro-te, Margaret – e posso falar em segredo, aqui a sós entre ti e mim (mas não deixes que vá mais longe, peço-te de coração) –, que a amizade neste desafortunado mundo é tão mutável que, por mais que negociasse ou suplicasse em semelhante situação, não encontraria um só dentre todos eles que, por camaradagem, fosse para o diabo comigo. E então, por Deus, Margaret, se tu concordas comigo, julgo que, por maior que seja o respeito que tenho por eles, e mesmo que fossem duas vezes mais numerosos do que são, o melhor é que eu tenha respeito pela minha própria alma».

Terceiro argumento: obrigação legal de prestar o juramento

«Certamente, pai», respondi-lhe, «mas ouso dizer sem nenhum escrúpulo que poderias atrever-te a prestar o juramento. É que, pai, aqueles que pensam que não deverias rejeitar o juramento que tu mesmo vês tantos homens tão bons e tão bem instruídos prestarem, não querem dizer que deverias jurar por camaradagem, nem passar por boa companhia para com eles; mas que a credibilidade que razoavelmente podes dar a essas pessoas pelas suas qualidades já mencionadas, bem deveria levar-te a pensar acerca do juramento enquanto tal como coisa que todos os homens podem muito bem jurar sem perigo para as suas almas, se não forem obstáculo as suas consciências privadas a dizerem o contrário. E que tu deverias modificar a tua opinião, e tens boa causa para fazê-lo, conformando a tua consciência com a consciência de tantos outros, especialmente sendo tais como sabes que são. E uma vez que o juramento também está mandado por uma lei feita pelo Parlamento, pensam que és tu quem está obrigado, sob pena de perigo para a tua alma, a modificar e a reformar a tua consciência e a conformá-la, como dizia, às dos outros homens».

Não existe dever de obedecer a uma lei injusta. A liberdade das consciências na Igreja

«Arre, Margaret», respondeu-me o meu pai, «o papel que representas[35], não o representas nada mal! Mas, Margaret, em primeiro lugar, no que se refere às leis do país, embora todo o homem que nasceu e vive nele esteja obrigado a obedecer-lhes em cada caso sob pena de castigo temporal, e em muitos casos sob pena de ofender a Deus também, mesmo assim nenhum homem é obrigado a jurar que toda a lei está bem feita, nem a pôr em prática determinado ponto da lei, se for realmente injusto. Suponho que ninguém duvida de que pode acontecer que se façam leis injustas em qualquer parte da Cristandade, excetuando sempre o Concílio geral de todo o corpo da Cristandade.

«Neste último caso, ainda que um Concílio faça algumas coisas melhor do que outras, e algumas se desenrolem de um modo que torne necessário serem reformadas por meio de outra lei, instituir alguma coisa que desagrade a Deus de tal maneira que não seja lícito cumprir essa lei é algo que o Espírito de Deus, que governa a sua Igreja, nunca permitiu nem nunca permitirá, se toda a sua Igreja Católica estiver legitimamente reunida em Concílio universal, como Cristo prometeu claramente na Escritura[36].

---

(35) O de «senhora Eva», de tentadora.

(36) Cfr. Mt 28, 18-20; Jo 14, 16-17.26; 16, 13. A Igreja, ressalta More, goza de inerrância quando ensina matérias que dizem respeito à Revelação divina de que é depositária – e portanto tem o direito de exigir a adesão incondicional dos fiéis – porque conta com a assistência do Espírito Santo, explicitamente prometida por Cristo: *Eis que estou convosco todos os dias até a consumação do mundo* (Mt 28, 20); *Mas o Advogado, o Espírito Santo, que o Pai enviará em meu nome, esse vos ensinará tudo e vos trará à memória tudo quanto eu vos disse* (Jo 14, 26).

«Agora, se acontecer que em determinada parte da Cristandade se faça uma lei tal que alguns homens pensem que parte dela não está em harmonia com a lei de Deus, e outros pensem que sim, e a coisa seja posta em questão de tal modo que nas diversas partes da Cristandade haja homens bons e eruditos, dos nossos dias e também anteriores, que pensam de uma maneira, e outros de igual conhecimento e bondade que pensam o contrário – neste caso, aquele que pensa contra a lei não pode jurar que a lei tenha sido feita legitimamente, estando a sua consciência contra ela, nem está obrigado, sob pena de ofender a Deus, a modificar a sua própria consciência nesse ponto, em relação a qualquer lei particular feita em qualquer lugar. A única exceção, [como digo,] são as leis feitas pelo Concílio geral ou pela fé geral que, por obra de Deus, cresce universalmente através de todas as nações cristãs, e não há outra autoridade afora estas duas (excetuando uma revelação especial e mandado expresso de Deus). Uma vez que as opiniões contrárias de homens bons e bem instruídos, como no caso que te proponho, tornaram duvidosa a compreensão da Escritura, não vejo que ninguém possa mandar e forçar legitimamente um homem determinado, quem quer que seja, a modificar a sua própria opinião e a mover a sua consciência de um lado para outro.

A obrigação de aderir aos ensinamentos de Cristo transmitidos pela Igreja não fere a liberdade de consciência, porque ninguém pode atingir por conta própria, por meio da simples razão, umas verdades reveladas por Deus que ultrapassam a razão humana. Assim como existe a obrigação de buscar e aceitar as verdades racionais na medida das próprias forças, sem auto enganar-se por conveniência, assim também existe a necessidade de aceitar aquilo que Deus revelou tal como Ele o revelou, sem a pretensão de acomodar o ensinamento divino ao egocentrismo pessoal.

«Como um exemplo disto, parece-me que já te contei antes que durante algum tempo muito se discutiu entre as grandes cabeças da Cristandade se a nossa bem-aventurada Senhora foi concebida em pecado original ou não. E não me lembro se isto já foi decidido e determinado por um Concílio geral[37]. Mas lembro-me bem, isto sim, de que, apesar de a festa da sua Conceição já ser celebrada na Igreja ao menos em diversas províncias, mesmo assim São Bernardo – que, como o provam os muitos livros que escreveu para elogiar e louvar Nossa Senhora, teve tão grande devoção como qualquer outro homem por tudo o que se referisse ao seu louvor e que ele pensasse que se podia provar ou permitir –, mesmo assim, digo, esse santo varão era contrário a esse determinado título de louvor à Santíssima Virgem, como aparece claramente numa carta sua[38] em que raciocina com vigor e muito seriamente contra o título e não aprova a instituição da festa. E não foi ele o único a pensar dessa forma, mas estavam com ele muitos outros homens muito instruídos e muito santos também.

---

(37) Entre os séculos XI e XIII, muitos teólogos do Ocidente participaram da controvérsia sobre se Nossa Senhora teria sido concebida sem pecado original. São Bernardo, São Tomás de Aquino e São Boaventura manifestaram-se contrários à crença na Imaculada Conceição; já o Concílio de Basileia (1439) a considerou uma «pia opinião», concorde com a fé católica, a Sagrada Escritura e a razão. Dez anos mais tarde, a Sorbonne exigia dos candidatos a mestre um juramento favorável a essa crença.

A festa da Imaculada Conceição foi aprovada por Sixto IV em 1476, e o Concílio de Trento (1545-1564) declararia explicitamente que o Decreto conciliar sobre o pecado original não incluía a Bem-Aventurada Virgem Maria. A partir do século XVI, a festa estendeu-se por toda a parte e Clemente XI tornou-a universal em 1708. A Imaculada Conceição da Virgem Maria veio a ser declarada dogma de fé pelo Papa Pio IX em 1854, pela bula *Ineffabilis Deus*.

(38) Refere-se à carta *Aos cônegos de Lyon sobre a conceição de Santa Maria*, de 1140.

Porém, o bem-aventurado bispo Santo Anselmo defendia a opinião contrária, e não só ele, mas com ele muitos outros homens muito instruídos e muito virtuosos. E os dois são santos no céu, e muitos outros que estavam de um e de outro lado. E nenhuma das duas partes foi obrigada pela outra a modificar a sua opinião, nem tampouco por algum Concílio provincial.

«Pois bem, assim como, depois da determinação de um Concílio geral legitimamente reunido, todos estão obrigados a aderir aos seus ditames e a conformar as suas consciências com essa determinação, e todos os que antes defendiam o contrário não têm nenhuma culpa por isso, da mesma forma, se antes dessa decisão um homem tivesse jurado manter e defender a outra opinião contra a sua própria consciência, teria ofendido muito gravemente a Deus. Por outro lado, se um homem, apenas com a sua mente, ou juntamente com alguns poucos, ou com muitíssimos, se deixasse levar pela sua opinião em alguma coisa contrária a uma verdade evidente, assim manifestada pela fé comum da Cristandade, essa consciência seria muito condenável.

«Ou então, se não se tratasse de algo tão plenamente claro e evidente, ainda assim, se esse homem se visse junto de uma minoria muito pequena, pensando de certa maneira contrária à parte muito maior, composta de homens tão bem instruídos e tão bons como aqueles que afirmam o que ele pensa, pensando e afirmando o contrário, e tais que esse indivíduo não tivesse causa razoável para supor que os que pensam de modo contrário o fazem só por teimosia, isso certamente seria uma razão muito boa para movê-lo – embora não para forçá-lo – a conformar a sua cabeça e consciência com a deles.

«Mas, Margaret, as razões pelas quais rejeito o juramento são algo, como já te disse frequentemente, que nunca te revelarei, nem a ti, nem a ninguém, a não ser que a sua Alteza o Rei agrade mandar-me que o faça. Se sua Majestade o fizesse, já te disse como lhe obedeceria. Mas, minha filha, rejeitei e continuo a rejeitar esse juramento por mais causas do que uma só. E sejam quais forem as causas pelas quais o rejeito, estou seguro de que, como é bem sabido, antes de lhes oferecerem o juramento, alguns daqueles que o prestaram, e dos mais bem instruídos, disseram e afirmaram claramente o contrário do que agora juraram, e o fizeram de acordo com a sua opinião e o seu entendimento de então, e não repentina nem apressadamente, mas depois de terem com frequência e com grande diligência buscado e encontrado a verdade...»

Não julgar a consciência alheia

«Bem poderia ser assim, pai», disse-lhe, e o meu pai continuou:

«... No entanto, como pode ser que tenham visto novas razões para mudar de ideia, não disputarei contra eles, Margaret, filha, nem pensarei mal da consciência de nenhum outro homem, que jaz escondida no seu coração, muito fora da minha vista. Mas direi, isso sim, que nunca ouvi dizer que fosse eu a causa da mudança deles por lhes ter proporcionado qualquer argumento além daqueles que encontraram nas autoridades e que, na medida em que posso enxergá-lo, eles já tinham visto e, suponho, sopesado muito bem antes.

«Se das mesmas coisas que antes viram, algumas agora lhes parecem diferentes do que eram antes, muito me alegro por eles. Quanto a mim, tudo o que vi antes, continuo a vê-lo hoje exatamente da mesma forma. Portanto, mesmo que eles atuem de maneira diferente do que poderiam, eu, minha filha, não posso.

«Alguns talvez digam que seria razoável que eu desse pouca importância à mudança deles como um exemplo a seguir para modificar a minha consciência, porque o desejo de satisfazer o gosto do Rei e de evitar a sua indignação, o medo de virem a perder as suas propriedades e a consideração das incomodidades que poderiam causar a suas famílias e amigos, talvez pudessem fazer com que alguns jurassem de forma diferente do que pensam, ou que construíssem as suas consciências de novo para pensar de maneira diferente do que pensavam. Mas não conceberei semelhante opinião deles. Porque, se essas coisas os fizeram mudar, essas mesmas coisas provavelmente me teriam levado a fazer outro tanto, pois, sinceramente, conheço poucos homens tão fracos de coração como eu.

«Por conseguinte, Margaret, em matérias que desconheço, não pensarei pior das outras pessoas do que penso de mim mesmo. Mas, como sei bem que somente a minha consciência me faz rejeitar o juramento, confiarei em Deus em que os outros o terão acolhido e prestado de acordo com as suas consciências.

Não são poucos os que pensam como Sir Thomas

«Mas, como te parece, Margaret, que existem muitos mais no outro lado do que os que pensam como eu neste assunto, não imagines – digo-o para teu consolo – que o teu pai se afasta deles estouvadamente, ou que se arriscaria a perder os seus bens, e talvez o seu corpo, sem causa alguma pela qual devesse fazê-lo, pondo assim a sua alma em perigo. A isto te responderei, Margaret, que não tenho nenhuma dúvida, quanto a algumas das minhas causas, de que, se não neste reino, ao menos em todas as partes da Cristandade, dentre os homens bem instruídos e virtuosos que hoje vivem, não são menos os que pensam como eu. Além do mais, é muito possível, sabes, que alguns também neste país pensem o contrário do que disseram ao prestar o juramento.

«Até agora temos falado dos que estão vivos. Passemos aos que morreram e estão, como espero, no céu. Tenho a certeza de que não são a menor parte os que, enquanto viveram, pensaram como eu penso agora sobre alguns destes assuntos. Também tenho bastante certeza, Margaret, de que aqueles santos Doutores e santos, sobre os quais nenhum cristão duvida de que há longo tempo estão com Deus no céu, e cujos livros se encontram ainda hoje nas nossas mãos, pensaram em algumas destas coisas como eu penso agora. Não digo que todos pensaram assim, mas que são tais e tantos, como demonstram bem os seus escritos, que peço a Deus que dê à minha alma a graça de seguir as almas deles. E com o que acabo de dizer, Margaret, ainda não te mostro tudo o que tenho para desonerar a minha consciência.

Conclusão do argumento

«Mas, para concluir, minha filha Margaret, sabes bem que em todo este assunto, como te disse várias vezes, não tomo sobre mim nem definir nem discutir, nem repreendo nem impugno o que outros fazem, nem jamais escrevi nem sequer proferi diante de ninguém uma só crítica ou censura sobre qualquer coisa que o Parlamento tenha aprovado, nem me imiscuo na consciência de nenhum outro homem que pense ou diga que pensa de modo contrário ao meu.

«Quanto a mim mesmo, direi para teu consolo, minha filha, que a minha consciência – não condeno a de nenhum outro homem – é tal que bem pode depor em favor da minha salvação; disto, Meg, tenho tanta certeza como de que Deus está no céu. Por conseguinte, quanto a todas as outras coisas, os meus bens, as minhas terras e a minha vida (se assim vier a acontecer), uma vez que a minha consciência é certa, em verdade confio em que Deus me fortalecerá para sofrer a sua perda antes que jurar contra esta consciência e pôr a minha alma em perigo, pois todas as causas que vejo moverem outros homens ao contrário não me parecem a mim suficientes para fazer nenhuma mudança na minha consciência».

«Eu mesma jurei»... Ameaças de mais perseguição

Ao ver-me sentada muito triste, pois na verdade, minha irmã, o meu coração estava pesaroso de ver o perigo que corria a sua vida, embora já não temesse pela sua alma, o meu pai sorriu-me e disse: «E em que ficamos, filha Margaret? Que acontece com a mãe Eva? Que pensas agora? Não estarás sentada a mussitar com alguma serpente no teu peito algum outro argumento para oferecer mais uma vez a maçã ao pai Adão?»

«Pai», respondi, «já não posso ir mais longe, antes cheguei – como diz a Cryseide de Chaucer – ao meu Dulcarnon, ao fim do meu engenho[39]. Como o exemplo de tantos homens sábios não consegue mover-te neste assunto, não vejo mais o que dizer, a não ser que tente persuadir-te com a razão que deu Master Harry Patenson[40]. Ao encontrar-se um dia com alguém da nossa família, quando lhe perguntou onde estavas e ouviu que ainda estavas na Torre, chegou a irritar-se contigo e disse: "Mas por quê? Que achaque lhe deu que não jura? E por que tem de pôr reparos em jurar? Se eu mesmo prestei o juramento!" Na verdade, também eu não consigo ir mais longe, e se em tantos homens sábios não vês um exemplo, só me resta dizer como Master Harry: "Pai, por que tens que rejeitar o juramento? Se eu mesma jurei!"»[41]

Riu-se e disse-me: «Também estas tuas palavras foram como as de Eva, que não ofereceu a Adão uma fruta pior do que a que ela mesma tinha comido». E eu lhe disse: «Mas, pai, na verdade temo muito que este assunto te traga uma tribulação assombrosa. Sabes bem, como te disse, que o

---

(39) *Dulcarnon*, de origem árabe («dois cornos») significa «dilema, perplexidade». Geoffrey Chaucer (1340-1400) foi o maior poeta medieval de língua inglesa; o verso a que Margaret se refere é do poema *Troilus and Criseyde*, III, 931.

(40) Como vimos, Harry Patenson era o bufão ou comediante encarregado de entreter, com os seus talentos histriônicos, a família de More e os seus amigos. A sua figura aparece no retrato do grupo familiar desenhado por Holbein.

(41) Todos os súditos de Henrique VIII foram obrigados a prestar o juramento, embora não se exigisse de todos a fórmula integral apresentada a More. Margaret jurou com uma cláusula atenuante que dizia «na medida em que não for contra a lei de Deus».

senhor Secretário te enviou um recado, como teu verdadeiro amigo, para te lembrar que o Parlamento ainda está em sessão»[42].

«Margaret», disse meu pai, «agradeço de todo o coração ao Senhor Secretário. Mas, como já te mostrei na época, não deixei de pensar neste imbróglio. Bem sei que, mesmo que chegassem a fazer uma lei para prejudicar-me, essa lei nunca poderia ser justa, mas o que espero é que Deus me mantenha nesta graça, a saber, que no que se refere ao meu dever para com o meu Príncipe, ninguém pode causar-me dano algum[43] a não ser que me faça uma injustiça. Neste caso, como já te disse, será como um enigma: será o caso em que um homem pode perder a sua cabeça sem sofrer dano algum.

«Apesar disso, continuo a ter boa esperança de que Deus nunca permitirá que um príncipe tão bom e sábio recompense dessa forma o longo serviço do seu fiel e verdadeiro servo. Contudo, como não há nada impossível que não possa ocorrer, não esqueço neste assunto o conselho de Cristo no Evangelho: que antes de começar a construir este castelo para salvaguarda da minha própria alma, deveria sentar-me e calcular quanto me custaria [cfr. Lc 14, 28-32]. E quantas noites inteiras passei assim, Margaret, sem poder dormir – enquanto a minha mulher dormia confiando em que eu também teria adormecido –, contando os perigos que poderiam vir a cair sobre mim, tanto que tenho a certeza de que não pode sobrevir-

(42) Na época, o Parlamento inglês ainda não era permanente, mas reunia-se por convocação real. O recado é uma ameaça a More, lembrando-lhe que ainda se podiam criar leis mais duras contra ele.

(43) Isto é, acusá-lo fundamentadamente de traição.

-me nenhum perigo maior do que os que já previ. E nessa imaginação, filha, encheu-se o meu coração de tristeza. Mas estou agradecido a Deus porque, apesar de tudo isso, nunca pensei em mudar, mesmo que chegasse a acontecer o mais horrível que o meu temor imaginou».

«Não, pai», disse-lhe, «não é o mesmo pensar sobre uma coisa que pode acontecer e ver uma coisa que vai acontecer, como deverias fazer (Deus te guarde) se assim acontecesse. E talvez pensasses então o que não pensas agora, e então talvez fosse tarde demais».

Fraqueza pessoal e abandono em Deus

«Tarde demais, minha filha Margaret?», disse-me meu pai. «Suplico a Deus que, se alguma vez mudar de ideia, seja de verdade tarde demais. Pois sei muito bem que semelhante mudança não poderia ser boa para a minha alma, essa mudança, digo, que teria crescido só a partir do medo. Portanto, peço a Deus que, neste mundo, nunca me advenha nada de bom de tal mudança. Por muito que sofra aqui, ao menos será menos do que o que sofreria ao ir-me embora daqui. E se acontecesse aquilo que bem sei hoje que pode acontecer, que eu fraqueje e caia, e acabe por jurar por medo, ainda assim preferiria ter sofrido primeiro por rejeitar o juramento, pois assim teria melhor esperança de levantar-me novamente pela graça.

«E, Margaret, embora saiba perfeitamente que a minha miséria foi tão grande que bem mereço que Deus me deixe resvalar, não posso senão confiar na sua bondade misericordiosa, pois a sua graça me fortaleceu até aqui e fez com que o meu coração se contentasse com a perda de bens, de terras e da vida também, antes que jurar contra a minha consciência; e deu igualmente ao Rei essa disposição benevolente para comigo, que até agora não me tirou nada a não ser a liberdade. Com isto (que Deus me ajude), sua Majestade concedeu-me um bem tão grande – pelo proveito espiritual que, confio, estou tirando desta circunstância – que, dentre todos os grandes benefícios que amontoou sobre mim, conto de verdade o meu encarceramento como o maior de todos.

«Não posso, portanto, desconfiar da graça de Deus, que ou conservará e manterá o Rei na sua benevolência para comigo a fim de não me prejudicar, ou, caso contrário, se for vontade de Deus que tenha eu de sofrer neste assunto o que não mereço, em vista dos meus outros pecados, me dará a fortaleza para suportá-lo com paciência e talvez também com certa alegria. A Sua grande bondade fará (pelos méritos reunidos da Sua amarga Paixão, ultrapassando de longe em mérito tudo o que eu mesmo possa sofrer) que esses sofrimentos sirvam para alívio da minha pena no purgatório e depois para aumento do prêmio no céu.

«Nunca desconfiarei dEle, Meg; mesmo que me sinta fraquejar, sim, mesmo que experimente o medo a ponto de lançar-me pela borda fora, lembrar-me-ei de como São Pedro, diante de uma violenta rajada de vento, começou a afundar-se por causa de uma fé covarde, e farei como ele fez: chamar por Cristo e pedir-lhe ajuda [cfr. Mt 14, 29-30]. E espero que então Ele me estenda a sua santa mão e me sustente no mar tempestuoso para não me afogar. Sim, e se Ele permitir que eu vá mais longe no papel de São Pedro e venha a cair do todo ao chão, e que jure e perjure também (do que nosso Senhor, por sua terna compaixão, me livre; e, se isso ocorrer, que Ele me faça perder e jamais lucrar coisa alguma com isso), mesmo assim ainda confiarei em que a sua bondade lançará sobre mim o seu terno olhar cheio de compaixão, como fez com São Pedro [cfr. Mt 26, 69-75], e me levantará novamente para que eu torne a confessar a verdade da minha consciência e suporte aqui a vergonha e o castigo pela minha própria falta.

«Finalmente, Margaret, bem sei que sem culpa minha Ele não deixará que me perca. Abandonar-me-ei, pois, por inteiro nEle, com boa esperança. E se Ele permitir que eu pereça por minhas faltas, mesmo então servirei como um louvor da sua justiça. Mas, na verdade, Meg, confio em que a sua terna compaixão manterá a minha pobre alma a salvo e fará com que exalte a sua misericórdia. E assim, minha filha queridíssima, nunca se perturbe a tua alma por qualquer coisa que possa vir a acontecer comigo neste mundo. Nada pode acontecer senão o que Deus quer. E tenho plena certeza de que, aconteça o que acontecer, por muito mau que pareça, será na verdade o melhor.

«E com isto, minha filha querida, peço-te de todo o coração que tu e todas as tuas irmãs, e os meus filhos também, fortaleçais e ajudeis a vossa boa mãe, minha mulher. Não tenho nenhuma dúvida quanto à boa disposição dos vossos bons maridos. Fazei-me presente a todos eles, e à minha boa filha Alington, e a todos os meus outros amigos, irmãs, sobrinhas, sobrinhos e parentes; e a todos os nossos serviçais, homens, mulheres e crianças; e a todos os meus bons vizinhos e a todos os nossos conhecidos. E de todo o coração peço-te a ti e a todos eles que sirvais a Deus e estejais contentes e vos alegreis nEle. E se acontecer comigo alguma coisa que te dê um desgosto, ora a Deus por mim, mas não te preocupes, pois rezarei de todo o coração por todos nós para que nos reunamos todos um dia no céu, onde nos alegraremos para sempre e onde nunca haverá aflição alguma».

Esta comovente conversa entre pai e filha recorda-nos o diálogo entre a mártir romana Santa Perpétua e o seu pai, embora neste caso os papéis estivessem invertidos. Em ambos os casos, o que estava em jogo era a fidelidade aos princípios da fé.

Perpétua, ainda catecúmena, fora presa juntamente com vários outros cristãos, durante uma perseguição desencadeada por volta do ano 200. O pai, que sabia que bastava à filha dizer, ainda que da boca para fora, que não era cristã, foi vê-la na prisão para convencê-la a apiedar-se dele e de toda a família. Segundo ela mesma nos conta, a filha respondeu-lhe:

– Pai – disse-lhe –, o senhor está vendo esse vaso que está ali no chão?

– Vejo – respondeu-me.

– Por acaso é possível dar-lhe outro nome diferente do que tem?

– Não.

– Pois eu também não posso ser chamada com outro nome diferente do que tenho: cristã[44].

(44) *Passio Perpetuae*, 3.

8. Ao Doutor Nicholas Wilson

Torre de Londres, 1534

Nicholas Wilson era o capelão e confessor de Henrique VIII (ver nota à Carta n. 2*), e foi um dos especialistas com quem More conversou a respeito da questão da nulidade do primeiro casamento do Rei. Quando começou a fraquejar, Wilson pôs-se em contacto com Sir Thomas na prisão. More não podia aconselhá-lo claramente a resistir, mas expõe-lhe a sua própria atitude, de forma que o outro esteja ao menos alertado.*

Que o Senhor seja a vossa fortaleza, e, como vejo de diversas maneiras que prometestes prestar o juramento, suplico ao Senhor que tireis proveito de fazê-lo. Nunca na minha vida dei a homem algum um conselho contrário, e nunca me servi de meio nenhum para pôr algum escrúpulo sobre este assunto na consciência das outras pessoas. E como vejo que vos alegraria muito saber o que me proponho fazer, sabeis muito bem o que vos disse quando nós dois estávamos fora: que não queria conhecer o vosso pensamento, nem o de nenhum outro homem sobre este ponto; e que nem vós nem nenhum outro homem conheceríeis o meu, pois não pretendia compartilhar este assunto com ninguém, e jamais o farei. Antes, deixando cada homem à sua própria consciência, eu seguirei a minha com a ajuda da graça. Porque jurar contra a minha consciência seria para mim perigo de condenação eterna, e não posso ter certeza de como será a minha amanhã, e se terei ou não até o fim a graça de agir de acordo com a minha consciência: tudo depende da bondade de Deus e não da minha. Suplico-vos que me recomendeis a Ele de coração nas vossas devotas orações, e eu vos recordarei e já vos recordo diariamente nas minhas, por mais pobres que sejam. E, enquanto durar esta minha pobre e breve vida, sempre tereis uma parte de qualquer coisa que eu tiver.

9. Ao mesmo Doutor Nicholas Wilson
Torre de Londres, 1534

Percebe-se que o Doutor Wilson não se deu por satisfeito com a carta anterior e pediu a More que lhe escrevesse com mais clareza. De forma muito sutil, sem dizer nada que pudesse comprometê-lo, o antigo Chanceler recorda-lhe todas as passagens que estudaram juntos e nas quais se afirma incontestavelmente a indissolubilidade do matrimônio. Aproveita também a ocasião para lembrar aos censores que talvez leiam essa carta e façam chegar o seu conteúdo a Henrique VIII que este lhe tinha dado a «lição mais sábia que algum Rei possa dar aos seus conselheiros ou a qualquer dos seus outros servidores»: a de «olhar primeiro para Deus, e só depois de Deus para os interesses dele». A seguir, procura ajudar o antigo capelão a considerar a sua situação de maneira sobrenatural transmitindo-lhe o que pensa quanto a si mesmo, com um testemunho impressionante de humildade, esperança e caridade para com os inimigos.

Master Wilson, saúdo-vos de todo o coração.

Além do sofrimento em que estais por causa deste encarceramento, tendo perdido a liberdade, os bens e benefícios da vossa subsistência e o consolo da companhia dos vossos amigos, quanto sinto ver-vos também caído em tal agonia e tormento mental por causa dessas dúvidas na vossa cabeça, que de diversas maneiras vos lançam de um lado para outro, perturbando a vossa consciência para grande tristeza vossa, como percebo para não pequena aflição da minha própria mente por vossa causa. E tanto mais o sinto, meu bom Doutor, porque não está em meu poder dar-vos o tipo de ajuda e de consolo que me parece que de alguma maneira desejais e buscais em mim.

Porque, se quisésseis de alguma forma saber, nas vossas dúvidas, qual é a minha mente, sou neste momento o homem menos apropriado para isso. Pois sabeis muito bem, meu bom Doutor, que desde o momento em que se começou a discutir este assunto e me foi pedida uma opinião, a mim entre outros – e já antes vos havíeis inteirado de tudo – estais bem lembrado de que então vós e eu conversamos sobre muitas coisas.

E conversamos também durante todo o tempo seguinte, em que, por gracioso mandado do Rei, me esforcei por buscar e ler e falar com todos aqueles que eu sabia estarem inteirados do assunto, a fim de compreender o que pudesse sobre os dois lados da questão e, depois de sopesar tudo tão imparcial e exatamente como a minha pobre inteligência e conhecimentos me permitissem, ver para que lado a minha consciência poderia inclinar-se e informar sua Alteza de que maneira pensava sobre este assunto conforme me indicasse a minha mente. Pois, na verdade, nunca tive outro mandado do Rei, salvo esta obrigação que sua Alteza acrescentou: que nesta matéria deveria olhar primeiro para Deus, e só depois de Deus para os interesses dele. Esta foi também a primeira lição que o Rei me deu quando entrei pela primeira vez a seu nobre serviço, e é-me impossível pensar num mandado mais imparcial ou numa lição mais sábia que algum Rei possa dar aos seus conselheiros ou a qualquer dos seus outros servidores.

Mas, como começava a dizer-vos, durante todo esse tempo – não me lembro agora de quantos anos foram –, dentre todos aqueles com quem falei do assunto, e com quem mais comparei as passagens da Escritura e dos antigos santos Doutores que se relacionavam, num ou noutro lado, com os Concílios e leis que também falam sobre isso, foi convosco que mais tratei, como penso que sabeis bem. Pois com ninguém falei disso tanto e tão frequentemente como convosco, por causa do vosso conhecimento substancioso e do vosso juízo maduro, e porque sempre notei bem em vós que nenhum homem tinha nem podia ter facilmente uma consideração mais leal pela honra e segurança do Rei, tanto de alma quanto de corpo, do que a que sempre vi que vós tínheis.

Entre muitas outras coisas que me agradavam muito em vós, havia uma em particular que bem percebi naquilo que o Rei vos confiou: a vossa essencial discrição. Embora tivesse ouvido dizer (no momento, não sei a quem) que havíeis escrito em Paris um livro sobre o assunto para sua Alteza, em todos esses anos do nosso mútuo conhecimento, falando e raciocinando com frequência sobre a questão, nunca vos ouvi mencionar esse livro, nem uma única vez. Em todo o caso, a não ser que houvesse nesse livro coisas que talvez não pensásseis que estavam, suponho que tudo o que veio à vossa cabeça sobre o assunto, a favor de um lado ou do outro, quer estivesse na Escritura quer nos antigos Doutores, estou convencido de que mo destes a saber, e outro tanto fiz eu convosco. Lembro-me muito bem de que, ao menos quanto a todos esses pontos que agora tornais a recordar, nenhum foi esquecido então.

Lembro-me igualmente bem de que, nas nossas frequentes conversas sobre o assunto, durante todo o tempo em que o estudei, vós e eu tínhamos a mesma opinião sobre todos os pontos, e lembro-me bem de que lemos juntos as leis e os concílios, e as palavras de Santo Agostinho no *De Civitate Dei*[45], bem como a carta de Santo Ambrósio *Ad paternum*[46] e a carta de São Basílio, traduzida do grego[47], e o escrito de São Gregório; e também as passagens da própria Escritura, tanto do Levítico [cfr. Lev 20, 21] e Deuteronômio [Deut 25, 5: «lei do levirato»] como do Evangelho [Mc 10, 2-12; Mt 19, 3-9] e das Epístolas de São Paulo [cfr. 1 Cor 7], e igualmente aquela outra passagem de Santo Agostinho que agora recordais, além de outras nas quais toca a questão de maneira expressa, com palavras de São Jerônimo e também de São João Crisóstomo; e tantos outros textos dos quais não consigo lembrar-me agora.

Penso de verdade que vós pelo vosso lado, e eu pelo meu, consideramos na ocasião que seria um processo longo demais mostrar um ao outro e ler juntos todos os livros que cada qual já tinha lido por sua conta. (Os que confiaram em mim neste assunto não me deram permissão para mostrar esses livros fora do âmbito da minha leitura privada). No entanto, e como era razoável fazer neste caso, uma vez que nós dois tínhamos recebido o mandado de estudar imparcialmente este assunto, comuniquei-vos fielmente tudo o que vi na Escritura e nos santos Doutores, e suponho que vós fizestes o mesmo comigo; assim, meu querido Doutor, mesmo que tivesse todos

---

(45) Cfr. *De civitate Dei*, l. XIV, cap. 16.

(46) *Epístola* LIX 5, *Ad paternum*; PL 16, 1234-1237.

(47) *Epístola* CLX; PG 77, 1189 e segs.

esses pontos tão frescos na minha cabeça como costumava tê-los então, e tanto desejo de meter-me neste assunto como em qualquer outro, mesmo assim não poderíeis ouvir agora de mim nada de novo em comparação com o que – suponho – ouvistes com frequência antes; e a mesma coisa suponho com relação a vós.

Mas agora o meu caso é totalmente diferente. Porque depois que dei a conhecer a sua Alteza Real a minha modesta opinião neste assunto, opinião que sua Alteza mui graciosamente recebeu bem, e vi que já não poderia avançar mais para satisfação de sua Majestade, e como não pretendia intrometer-me em coisa alguma contra o seu agrado, determinei descarregar por inteiro a minha mente de qualquer estudo e meditação ulteriores. Em consequência, devolvi os livros que tinha, com exceção de alguns que queimei com o consentimento do proprietário, que, tal como eu, não pretendia intervir mais no assunto. Por conseguinte, agora, querido Doutor, não seria idôneo nem capaz de raciocinar outra vez sobre aqueles pontos, mesmo que me propusesse fazê-lo, pois muitas dessas coisas estão fora da minha mente, e proponho-me nunca mais tornar a buscá-las, e mesmo que o quisesse não é provável que tornasse a encontrá-las enquanto viver. Além disso, tudo o que eu buscava dizia respeito, como bem sabeis, a duas ou três questões a serem ponderadas pelo estudo da Escritura e dos comentadores da mesma, salvo alguma outra coisa que tivesse sido tratada pelas leis canônicas da Igreja.

Também houve nessa época outras coisas mais, relativas ao assunto: diversas falhas encontradas na bula de dispensa pelas quais os conhecedores da lei eclesiástica no

Conselho Real consideraram viciada a bula, em parte por falsa sugestão, em parte por sugestão insuficiente. Pois bem, nunca me intrometi nesses pontos, pois nem conheço os doutores do Direito nem manuseio bem os seus livros. E desde então muitos outros pontos foram discutidos neste grande assunto, sobre os quais não estou suficientemente instruído na lei nem inteiramente informado dos fatos, e, por conseguinte, não sou eu quem murmurará ou protestará, fará asserções, sustentará opiniões ou disputará. Antes, como pobre, humilde e leal súdito do Rei, rezo diariamente pela preservação de Sua Majestade e de sua Majestade a Rainha [Ana Bolena] e da sua nobre progênie e de todo o reino, sem fazer nem desejar nenhum dano a homem algum, graças a Deus.

Finalmente, quanto ao juramento, ninguém sabe quais são as causas pelas quais o rejeitei, porque estão no segredo da minha própria consciência; talvez sejam diferentes daquelas que alguns pensariam, mas nunca as revelei a nenhum homem nem tenho intenção de fazê-lo enquanto viver. Finalmente, como vos dizia quando por acaso nos encontramos em Londres, antes de nos ser proposto o juramento, eu não pretendia tomar partido no assunto, mas seguir a minha própria consciência, pela qual eu mesmo devo responder perante Deus, e deixar aos outros as suas. Continuo a dizer-vos o mesmo, e com certeza nunca esperastes outra coisa.

Todo o homem bem instruído sabe perfeitamente que há muitas matérias nas quais cada um tem liberdade de pensar como quiser, sem cair no perigo da condenação, enquanto o tema não for definido por um Concílio universal como uma verdade que deve ser crida necessariamente;

e não sou eu quem chamará a si a tarefa de definir ou determinar qual seja a natureza de cada uma das coisas que o juramento contém, nem sou tão temerário ou presunçoso que censure ou condene a consciência de outros homens, e tampouco a sua honestidade ou os seus conhecimentos, nem me intrometo com ninguém a não ser comigo mesmo, nem quero imiscuir-me na consciência dos outros, mas apenas na minha. E, segundo a minha consciência – a Deus imploro misericórdia –, encontro na minha própria vida matéria suficiente de que me ocupar.

Vivi, parece-me, uma vida longa, e agora não procuro nem anseio viver muito mais. Desde que vim para a Torre – espero antes disso ter abandonado um par de vezes o meu espírito em Deus –, na verdade o meu coração aliviou-se graças a essa esperança. Não esqueço, porém, que tenho de prestar uma longa e grande conta a Deus, mas ponho a minha confiança nEle e nos méritos da sua amarga Paixão, e suplico-lhe que me conceda o desejo de ansiar sair deste mundo e estar com Ele, e que me mantenha neste desejo. Pois não posso senão confiar em que, quem tanto anseia por estar com Ele, será por Ele bem-vindo; e, por outro lado, penso verdadeiramente que quem quer que vá estar com Ele deve desejar de todo o coração estar com Ele, ou então nunca chegará à sua presença.

Suplico-Lhe de todo o coração que ponha o vosso coração em tal descanso e sossego como convenha ao gosto dEle e ao bem-estar eterno da vossa alma; e confio de verdade em que o fará muito em breve, e também em que, se Ele quiser, inclinará o nobre coração do Rei para que seja bom e favorável a vós e a mim, pois nós dois lhe somos leais, quer estejamos de acordo quer não sobre este assunto.

Sicut divisiones aquarum, ita cor regis in manu Domini, quocumque voluerit, inclinabit, illud[48]. E se Deus quiser dispor de outra maneira de qualquer um de nós dois, não preciso dar-vos conselho.

Mas, quanto a mim, suplico-Lhe muito humildemente que me dê a graça de conformar com tal paciência a minha cabeça à sua sublime vontade que, por trás da perturbadora tormenta destes tempos tempestuosos, a sua grande misericórdia me conduza ao porto seguro da gozosa felicidade eterna no céu, e depois, se for esta a sua vontade, que conduza para o mesmo lugar todos os meus inimigos, se é que tenho inimigos; pois ali haverá laços de amor entre todos, e, pelo que se refere ao meu coração, agradeço a Deus por já aqui na terra lhes querer bem de todo o coração. Não vos aborreçais agora; embora não reze como vós, tende a firme certeza de que não desejo aos meus amigos algo pior do que o que desejo aos meus inimigos, nem desejo para eles (assim Deus me ajude) algo pior do que para mim mesmo.

Por Deus, meu querido Master Wilson, rezai por mim, porque eu rezo por vós diariamente, e algumas vezes em momentos em que me daríeis pena, se não pensasse que já estaríeis dormindo. Buscai fortaleza, meu querido Doutor, recordando a misericórdia de Deus e a costumeira bondade do Rei; e penso de verdade que todos os membros do Conselho real estão de coração a nosso favor. Não posso julgar nenhum deles tão mal que pense vos fariam alguma coisa que não fosse boa. E, em conclu-

---

(48) «Como as correntes das águas, assim é o coração do rei na mão do Senhor; para onde quiser, para ali o inclinará». Cfr. Prov 21,1.

são, em Deus está tudo. *Spes non confundit*[49]. Peço-vos que perdoeis a minha letra, porque nem sempre consigo escrever como o fazia noutro tempo. E rogo-vos que me devolvais, quando o considerardes conveniente para o vosso gosto, esta nota tão rude. *Quia quanquam nihil inest mali tamen propter ministrum nolim rescire*[50].

---

(49) «A esperança não ilude». Cfr. Rom 5, 5.

(50) «Porque, embora nada haja de mau nela, ainda assim não desejaria que viessem a conhecê-la através do criado». More preferia conservar a correspondência para demonstrar, em caso de necessidade, que não continha nada que pudesse ser utilizado legalmente contra ele.

10. De Margaret Roper a Sir Thomas More 1534

Margaret provavelmente alude a uma carta de More que se perdeu. Como vimos, na segunda fase do encerramento de Sir Thomas, à medida que o Rei se impacientava com a resistência do ex-Chanceler e o fracasso dos asseclas régios, as condições da prisão foram piorando. Segundo podemos depreender desta carta, More deixou de ter permissão para ir ao jardim e para assistir à missa na capela – havia duas na Torre, a de São João e a de São Pedro ad Vincula. *O tom da filha mudou; vê-se que ela agora aceita e compreende integralmente a atitude do pai.*

Meu queridíssimo pai:

Penso que nunca poderei agradecer-te suficientemente o consolo inestimável que o meu pobre coração recebeu com a leitura da tua carta tão carinhosa e espiritual, reflexo da claridade brilhante da tua alma, templo puro do Espírito Santo de Deus, que, não duvido, descansará perpetuamente contigo e tu nEle. Pai, se me tivessem dado o mundo inteiro, assim Deus me salve, esse presente teria sido um deleite pequeno em comparação com o deleite que recebi do tesouro da tua carta, que, embora estivesse escrita com um carvão, é digna, na minha opinião, de ser escrita em letras de ouro.

Pai, não conseguimos descobrir nada sobre o que os levou a encerrar-te de novo. Mas suspeito que, quando consideraram que tinhas o espírito temperado, que estavas resignado a permanecer aí durante toda a tua vida com essa [relativa] liberdade [que até agora tinhas tido], pensaram que nunca seria possível inclinar-te à vontade deles, a não ser que te proibissem de ir à igreja e te privassem da companhia da minha boa mãe, a tua querida mulher, e da de todos nós, teus filhos, e dos que rezam por ti.

Mas, pai, isto não deveria estranhar-te. Porque não me esquecerei de como nos dizias, quando estávamos contigo no jardim, que estas coisas provavelmente viriam a acontecer em breve. Pai, para meu próprio consolo e para o de outros, tenho repetido muitas vezes as palavras e o tom que usaste conosco da última vez em que estivemos contigo. Por elas e pela graça de Deus, confio em que melhorarei enquanto viver e quando me for desta vida frágil, que peço a Deus passe e termine no Seu verdadeiro e obediente serviço, seguindo o conselho edificante e o frutífero exemplo de vida que recebi de ti, meu bom pai. Peço a Deus que me dê a graça de segui-lO, e o farei melhor com a assistência das tuas fervorosas orações, suporte especial da minha fragilidade. Pai, sinto não poder alongar-me mais agora falando contigo, [que és] o maior consolo da minha vida. Espero ter ocasião de escrever-te novamente em breve. Espero que me recordes na tua oração diária e me dês a tua bênção.

A tua obediente filha que te quer muitíssimo bem, que está obrigada a rezar por ti diariamente e a cada hora, e por ti reza desta forma: «Que Deus, na sua misericórdia infinita, te dê do seu celestial consolo e de tal modo te assista com a sua graça especial que nunca nem em coisa alguma te afastes da sua bendita vontade, mas que vivas e morras como seu leal e obediente servidor. Amém».

11. A Margaret Roper
Torre de Londres, 1534

Poucas cartas escritas na Torre têm um tom tão caloroso e sobrenatural como esta. More medita sobre a passagem em que São Paulo contrapõe a fraqueza humana e a fortaleza infundida pela graça.

Que o Espírito Santo de Deus esteja contigo.

A tua carta, minha queridíssima filha, tão filialmente amorosa, foi e é para mim – tem-no de verdade por certo – um consolo interior muito maior do que a minha pena é capaz de expressar, por diversas coisas em que reparei nela, mas sobretudo e especialmente porque Deus, na sua imensa bondade, te dá graça para considerar a incomparável diferença que há entre o miserável estado desta vida presente e o feliz estado da vida que há de vir para os que morrem em Deus; e também te dá a graça de pedir-lhe, de maneira tão cristã, que seja do seu agrado (faz-me muito bem repetir as tuas próprias palavras), «na sua terna misericórdia, fazer com que o nosso amor descanse nEle tão firmemente, com pouco cuidado deste mundo, e de tal modo fugir do pecado e abraçar a virtude que possamos dizer com São Paulo: *Mihi vivere Christus est et mori luchrum*[51], e igualmente *Cupio dissolvi et esse cum Christo*[52]».

---

(51) *Para mim a vida é Cristo e a morte, lucro* (Fil 1, 21).

(52) *Desejo morrer para estar com Cristo* (Fil 1, 23).

Suplico ao Senhor, minha queridíssima filha, que Ele se digne dar ao teu pai a graça de recordar e dizer diariamente essa oração salutar que pôs na tua mente, e a ti, que a escreveste, te dê igualmente a graça de te ajoelhares diariamente com devoção para rezá-la. Não há dúvida de que, se Deus nos der isso, Ele nos dá e nos dará em consequência todo o bem que desejarmos. Portanto, querida Margaret, quando a rezares, reza-a por nós dois, e eu farei o mesmo, de modo que o Senhor se dignará dar-me a mim, pobre infeliz, a graça de que, assim como neste mundo infeliz me alegrei tanto com a tua companhia e tu com a minha – e continuaríamos a fazê-lo se fosse possível, pois um amor natural une pai e filho –, assim possamos alegrar-nos e gozar da mútua companhia, juntamente com todos os da nossa família e amigos, para sempre na gloriosa felicidade do céu. E enquanto lá não chegamos, ajudemo-nos mutuamente a ir para o céu por meio da oração e do mútuo conselho.

Escreves-me falando de ti mesma: «Mas, meu pai, sou uma infeliz e estou longe, longíssimo e mais longe do que todos os outros de alcançar semelhante perfeição; que o Senhor me envie a graça de emendar a minha vida, e que tenha continuamente o meu olhar posto no meu fim, sem medo da morte que, para os que morrem em Deus, é a porta para uma vida feliz, para a qual Deus, na sua infinita misericórdia, nos leve a todos. Amém. Meu pai, fortalece a minha fragilidade com a tua fervorosa súplica». O Pai do céu há de fortalecer a tua fragilidade, minha querida filha, e igualmente a fragilidade do teu frágil pai. Nunca duvidemos de que o fará, se não deixarmos de suplicar-lhe. Podes contar com as minhas orações, por pobres que sejam.

Porque a caridade cristã e o amor natural e a tua conduta tão filial – *funiculo triplici,* diz a Escritura, *difficile rumpitur*[53] – atam-me e forçam-me a rezar por ti. E não duvido de que rezas igualmente por mim.

Não me desagrada, Margaret, que temas a tua própria fragilidade. Deus nos conceda a ambos a graça de desconfiar de nós mesmos e de depender e pendurar-nos por inteiro da esperança e da fortaleza de Deus. O bem-aventurado Apóstolo São Paulo encontrou tal falta de fortaleza em si mesmo que, ao ver-se tentado, teve que chamar e suplicar a Deus por três vezes que lhe tirasse a tentação. Mas a sua oração não teve êxito, ao menos da forma como pedia. Porque Deus, na sua suma sabedoria, vendo que era necessário – como o próprio Apóstolo diz – mantê-lo livre da soberba, na qual talvez teria caído, não quis tirar a tentação imediatamente depois de lhe ter chegado três vezes a sua oração, mas permitiu que continuasse a angustiar-se com dor e medo, dando-lhe no fim este consolo contra o medo de cair: *Sufficit tibi gratia mea*[54].

Por estas palavras, parece que a tentação, fosse qual fosse, era tão forte que o Apóstolo temia de verdade cair nela, porque sentia debilitar-se a sua resistência. Por isso, confortando-o, Deus lhe respondeu: *Sufficit tibi gratia mea*, dando-lhe assim a plena certeza de que, apesar de tudo, mesmo que se sentisse e fosse fraco e propenso a desfalecer, e por mais perto que estivesse de cair, a graça de Deus era suficiente para mantê-lo de pé. E disse-lhe ainda mais:

---

(53) *A corda de três fios não é fácil de romper* (Ecl 4, 12).

(54) *Basta-te a minha graça* (2 Cor 12, 9).

Virtus in infirmitate proficitur[55]. Quanto mais fraco é o homem, tanto mais comprometida a ajudá-lo está a fortaleza de Deus. Por isso, São Paulo diz ainda: *Omnia possum in eo qui me confortat*[56].

Na verdade, Meg, não podes ter um coração mais frágil do que o do teu frágil pai. No entanto, ponho toda a minha confiança na imensa misericórdia de Deus, que na sua bondade me sustentará com a sua santa mão de modo a não permitir que eu decaia desgraçadamente do seu favor. E bem percebo que tu tens a mesma confiança na sua grande bondade. E mais ainda porque, se tu e eu trouxermos à mente os muitos benefícios que dEle recebemos e lhos agradecermos com frequência, encontraremos muitas razões que nos permitirão esperar que a sua misericórdia infinita nunca se afastará de nós, apesar das nossas ofensas, se recorrermos a Ele de todo o coração.

E na verdade, minha filha querida, nisto está o meu grande consolo, pois embora eu tenha um natural tão inimigo da dor que uma simples picada quase basta para assustar-me, mesmo assim [suportei] todas as agonias que tive antes de vir para cá, que – como já te disse antes – não foram poucas nem pequenas. Com o coração aflito e cheio de medo, previ todo o tipo de perigos e de mortes espantosas que, por qualquer combinação de possibilidades, poderiam vir a cair sobre mim. Nesse pensamento passei muito tempo deitado, inquieto e em vigília, enquanto a minha mulher pensava que eu dormia; no entanto, mesmo em tal temor e severa melancolia, estou agradecido à

(55) *O poder se aperfeiçoa na fraqueza* (2 Cor 12, 7-10).

(56) *Tudo posso naquele que me conforta* (Fil 4, 13).

poderosa misericórdia de Deus por nunca ter pensado em consentir, mesmo que tivesse de sofrer o pior, por nunca ter pensado em agir de forma diferente do que a minha consciência me indicava (pois não sou homem que se envolva nos assuntos de consciência dos outros), ou em fazer qualquer coisa que me lançasse culposamente no desgosto de Deus.

Fazê-lo seria atingir o ponto mais baixo a que um homem pode chegar em face da sua salvação, na medida em que consigo vê-lo; e está obrigado, se percebe que a sua salvação corre perigo, a examinar a sua consciência por meio do estudo e do bom conselho, para ter certeza de que a sua consciência é tal que esteja em harmonia com a sua salvação ou, se não o estiver, para reformá-la. Se o assunto for tal que os dois lados estejam em harmonia com a salvação, então, seja qual for o lado para que se incline a sua consciência, está a salvo diante de Deus. Eu estou muito certo de que a minha consciência está conforme com a minha própria salvação, e por conseguinte estou grato ao Senhor. Peço-lhe que leve todas as partes [em conflito] à sua felicidade.

Faz-se tarde agora, minha filha. Assim, confio-te à Santíssima Trindade para que te guie, te fortaleça e te dirija com o seu Santo Espírito, assim como a todos vós, e à minha mulher com todos os meus filhos, e a todos os nossos outros amigos.

Thomas More, Cavaleiro

12. A Margaret Roper

Torre de Londres 2 ou 3 de maio de 1535

No dia 29 de abril, foram julgados e condenados à morte em Westminster três priores da Ordem dos Cartuxos e um da Ordem de Santa Brígida[57]*. Quando os quatro mártires foram levados para o cadafalso, em Tyburn, no dia 4 de maio – portanto, logo depois de redigida esta carta –, Margaret estava de visita ao pai, e juntos puderam ver o cortejo passar*

---

(57) Os cartuxos chamavam-se *John Houghton*, prior da Cartuxa de Londres; *Robert Lawrence*, prior da de Beauvale; e *Augustine Webster*, da de Axholme. Quando começou a perseguição aos religiosos, Lawrence e Webster viajaram a Londres para pedir conselho a Houghton. A comunidade preparou-se para o pior durante três dias. Por ocasião da «visitação» dos funcionários reais, os monges mostraram-se dispostos a prestar o juramento, mas com a cláusula «na medida em que a lei de Deus o permitir»; Cromwell, porém, rejeitou toda a restrição. Vendo fechada essa porta, os cartuxos preferiram a morte, pois sabiam muito bem que estava em jogo uma verdade de fé. Foram executados em Tyburn no dia 4 de maio de 1535. Paulo VI canonizou-os, juntamente com outros trinta e sete mártires ingleses, no dia 25 de outubro de 1970.

Richard Reynolds, julgado e condenado juntamente com os cartuxos, era o superior do mosteiro de Syon, da ordem de Santa Brígida. Apesar da extraordinária severidade da regra, esse mosteiro atraía vocações entre as famílias mais importantes do país e gozava de grande prestígio. Reynolds tinha estudado em Cambridge, era excelente teólogo e homem de vasta erudição. Em abril de 1535, foi acusado de ter dito, um ano antes, que Catarina era a verdadeira rainha; defendeu-se comentando que se tinha proposto manter silêncio, como nosso Senhor, mas que, para alívio da sua própria consciência, proclamava agora que tinha todos os Concílios ecumênicos e os Padres da Igreja em seu favor, e estava certo de que a maior parte da Inglaterra estava interiormente de acordo com ele. Antes de ser executado, pregou ao povo presente, com calma e grande eloquência. Esse inesperado sermão irritou Henrique VIII de tal maneira que ordenou que, a partir de então, as execuções tivessem pouca ou nenhuma publicidade.

sob a janela da cela, A coincidência não foi casual, mas os agentes do Rei, que pretendiam quebrar a resistência de More, certamente não previram a reação do prisioneiro que, conforme nos conta Roper, comentou: «Não vês, Meg, que esses sacerdotes afortunados vão tão alegres para as suas mortes como os noivos para as suas bodas?»

Na carta, More descreve o novo interrogatório a que foi submetido no dia 30 de abril. A Comissão desta vez estava composta por cinco integrantes: o Secretário Cromwell, *que alguns meses antes fora nomeado Vigário Geral de Henrique VIII, o que lhe dava plenos poderes em matéria eclesiástica; o* Fiscal *da Coroa para Gales,* Richard Rich[58]; *o* Procurador-geral *da Coroa,* Sir Christopher Hales; Master Thomas Bedyll, *empregado do Conselho Privado do Rei, e* Sir John Tregomwell, *que fora um dos juízes do processo contra os cartuxos.* O Lugar-tenente *da Torre que levou More até a Comissão era* Sir Edmund Walsingham[59].

Em novembro de 1534, o Parlamento, cada vez mais acovardado, aprovara o Ato de Supremacia, *que declarava Hen-*

---

(58) Richard Rich (1496?-1567) conhecia o ex-Chanceler havia tempos. Com certa formação jurídica, mas de caráter dissipado, viu na «nova ordem» pública a maneira mais rápida de alcançar as suas ambições. Dócil instrumento de Cromwell, foi nomeado Cavaleiro e Solicitador Geral no dia 10 de outubro de 1533. Em abril de 1535, tomou parte nos interrogatórios dos cartuxos. Em 1536, depois da sua atuação nos julgamentos de Fisher e More, o seu poder na Inglaterra atingiu um apogeu inferior apenas ao de Cromwell. Pelo seu zelo na destruição dos mosteiros, foi apelidado de «martelo de conventos» e recebeu boa parte dos despojos. Abandonou o seu amigo e protetor assim que este caiu em desgraça, e ainda chegou a ser Lorde-chanceler sob Maria a Sanguinária (*Dictionary of National Biography*, vol. 16, págs. 1009-1012).

(59) *Edmund Walsingham* (1490?-1550) fora nomeado lugar-tenente na Torre em 1525. Morava numa casa dentro do recinto da prisão, encarregando-se pessoalmente dos prisioneiros de Estado eminentes e supervisionando as sessões de tortura.

rique Cabeça Suprema da Igreja, e em fevereiro uma lei segundo a qual, a partir dessa data, seriam considerados traidores os ingleses que «pensassem mal» do seu soberano. Provavelmente, são esses os «novos estatutos» a que se refere a Comissão. A atitude de More durante o interrogatório é digna e distante. Não é ironia nem subterfúgio o que diz sobre «não desejar voltar a meter-se nos negócios deste mundo»: não há dúvida de que estava inteiramente desprendido – se não saturado – a essas alturas.

Que o Senhor te abençoe, minha queridíssima filha:

Não duvido de que a vinda dos conselheiros, nestes momentos em que os padres da Cartuxa e Master Reynolds de Syon (Deus seja a sua fortaleza) foram condenados à morte por traição (ignoro quais foram os motivos e os assuntos), possa causar-te novo temor e preocupação quanto à minha situação, estando eu prisioneiro, sobretudo porque provavelmente ouviste dizer que também fui levado aqui à presença do Conselho. Considerei necessário informar-te da verdade a fim de que não concebas maior esperança do que o assunto permite ter, não seja que um posterior reverso da fortuna te crie problemas durante a tua gravidez, nem tampouco concebas mais aflição e temor do que [agora] te causa este assunto.

Para ser breve: deves saber que no último dia de abril, sexta-feira à tarde, veio aqui o Lugar-tenente e comunicou-me que o senhor Secretário queria falar comigo. Troquei de roupa e saí com o Lugar-tenente para o corredor. No caminho, encontrei muitas pessoas, algumas conhecidas, outras desconhecidas. Por fim, chegamos a uma sala onde estavam o senhor Secretário com o Procurador-geral, o Fiscal, Master Bedyll e o Doutor Tregomwell. Convidaram-me a sentar-me com eles, mas de nenhum modo eu o teria aceitado.

Explicou-me então o senhor Secretário que não duvidava de que, tendo em conta quem eram os amigos que tinham vindo visitar-me aqui, eu já teria visto os novos estatutos aprovados na última sessão do Parlamento. Ao que lhe respondi: «Assim é, certamente. Mas, como não mantenho conversação com ninguém estando onde estou, pareceu-me que tinha pouca necessidade de gastar muito tempo estudando-os; assim, devolvi o livreto pouco depois e não cheguei a reparar no teor dessas leis nem me esforcei por retê-las na minha memória».

Perguntou-me a seguir se não tinha lido o primeiro deles, o que proclamava o Rei como Cabeça Suprema da Igreja[60]. Respondi-lhe que sim. Sua Senhoria explicou-me que, uma vez que um Ato do Parlamento ordenava agora que sua Alteza e os seus herdeiros fossem, como sempre tinham sido e seriam perpetuamente, Cabeça Suprema na terra da Igreja da Inglaterra sob Cristo, o desejo do Rei era que os membros do Conselho ali reunidos me perguntassem a opinião e o que pensava disso.

Respondi-lhe que verdadeiramente tinha confiado em que sua Alteza o Rei nunca mandaria que me fizessem tal pergunta, considerando que, desde o princípio de todo o assunto, já manifestara algumas vezes o meu pensamento bem e lealmente a sua Alteza; e que desde então várias vezes o tinha dito: «Ao senhor também o havia dito, senhor

(60) O *Act of Supremacy.*

Secretário, tanto de palavra como por escrito. E agora aliviei a minha mente de todas estas questões e não vou disputar os títulos do Rei nem os do Papa, mas sou e serei fiel e leal súdito do Rei, e rezo diariamente por ele e por todos os seus, e por vós que sois membros do seu honrado Conselho, e por todo o reino, e não desejo envolver-me de nenhuma maneira diversa desta».

Disse-me o senhor Secretário que esse tipo de resposta não satisfaria nem agradaria a sua Alteza o Rei e que sua Majestade exigiria uma resposta mais completa. E acrescentou que sua Majestade não era um príncipe rigoroso, mas compassivo, e que embora tivesse encontrado uma obstinação temporária em alguns dos seus súditos, sua Alteza mostraria misericórdia assim que os achasse mais flexíveis e dispostos a submeter-se. Quanto ao que dizia respeito ao meu caso, disse-me que sua Majestade se alegraria muito se me visse tomar caminhos mais dúteis, porque assim em breve eu poderia estar fora, no mundo e entre os outros, como antes tinha estado.

A isso, deixando-me levar pelos sentimentos da minha alma, respondi-lhe laconicamente que não desejava voltar a meter-me nos negócios deste mundo, mesmo que me dessem o mundo inteiro. Quanto ao resto, respondi-lhe como antes: que tinha decidido firmemente nem estudar nem intervir mais em nenhum assunto deste mundo, e que todo o meu estudo seria sobre a Paixão de Cristo e o meu próprio trânsito para fora deste mundo.

Ordenaram-me que saísse um momento, e depois fui chamado novamente. Disse-me então o senhor Secretário que, embora eu fosse prisioneiro, e [mesmo que] estivesse condenado à prisão perpétua, não estava isento da minha obediência e fidelidade a sua Alteza o Rei. E perguntou-me se pensava que o Rei tinha poder para exigir de mim coisas como as que se contemplam nessas leis, e com as mesmas penas que podia impor aos outros homens. Respondi-lhe que eu não lhe diria o contrário. Disse-me então que, assim como sua Alteza o Rei seria benigno com aqueles que fossem dóceis, da mesma maneira sua Majestade aplicaria as suas leis contra aqueles que visse obstinados. E acrescentou que era a minha conduta em todo este assunto o que provavelmente tinha tornado outros tão obstinados como o são.

Respondi-lhe que a ninguém dera ocasião de defender um lado ou outro, nem nunca dera conselho a homem algum para agir de uma maneira ou de outra. E que não poderia ir mais longe, qualquer que fosse o castigo. Disse-lhe em conclusão: «Sou um fiel e verdadeiro súdito do Rei, e rezo diariamente por ele e por todos os seus e por todo o seu reino. Não cometo mal algum contra ninguém, nada digo de mau de ninguém, nada penso de mau de ninguém, mas a todos desejo o bem. E se isto não for suficiente para manter um homem em vida, na verdade não desejo viver mais. Já estou morrendo, e desde que vim para cá estive várias vezes em tal condição que pensei que morreria em menos de uma hora; e agradeço a Deus por nunca ter sentido tristeza por isso, antes senti pena ao ver que a dor mortal passava. Sendo assim, o meu pobre corpo está à disposição do Rei; oxalá a minha morte pudesse fazer-lhe algum bem».

Disse depois o senhor Secretário: «Se não encontrais nenhuma falta nesta lei, encontrais alguma em qualquer das outras?» Ao que lhe respondi: «Senhor Secretário, mesmo que alguma coisa me parecesse não ser boa em qualquer das leis, ou nesta lei, não declararia qual a falta que encontrei nem falaria dela». Por fim, sua Senhoria disse muito gentilmente que não se aproveitariam de nada do que eu havia dito; e não me lembro bem se acrescentou que não havia nada de que tirar proveito. Mas disse-me que sua Alteza o Rei seria informado, e se veria o que seria do seu agrado.

E assim puseram-me de novo nas mãos do senhor Lugar-tenente, a quem já haviam chamado, e por ele fui devolvido ao meu quarto; e aqui me encontro agora, exatamente como estava antes, nem melhor nem pior. O que se seguirá está na mão de Deus, a Quem suplico que ponha na mente do Rei aquilo que seja para o Seu maior agrado, e na minha que me preocupe só com o bem da minha alma, com pouco cuidado pelo meu corpo.

E a ti com todos os teus, e à minha mulher, e a todos os meus filhos e todos os nossos amigos, desejo de coração que continueis bem, tanto corporal como espiritualmente. E peço-te a ti e a todos que rezeis por mim e não vos preocupeis aconteça o que acontecer comigo, pois de verdade confio na bondade de Deus em que, por muito mau que [o desfecho] pareça aos olhos deste mundo, será realmente o melhor no outro mundo.

Teu carinhoso pai,

Thomas More, Cavaleiro

13. A Margaret Roper

Torre de Londres, 3 de junho de 1535

Nesse mesmo dia 3 de junho, teve lugar o segundo interrogatório de Sir Thomas pela Comissão real, cujos integrantes mudaram novamente. More relata-o laconicamente nesta carta. Os protestos de lealdade ao Rei que faz uma e outra vez não são meramente retóricos, antes exprimem o seu heroísmo em viver essa virtude.

Que o Senhor te abençoe a ti e a todos os teus.

Como é muito provável, minha queridíssima filha, que já tenhas recebido a notícia, e, se não, que a recebas muito em breve, de que a Comissão esteve aqui hoje e de que compareci novamente diante deles, considerei necessário contar-te eu mesmo como continuou o assunto. Na verdade, para ser breve, pouca diferença percebi entre esta vez e a última, porque, na medida em que o posso ver, todo o propósito deles consiste em levar-me a dizer expressamente uma coisa, ou, se não, precisamente a outra.

Estavam aqui sentados *mylord* de Canterbury, *mylord* Chanceler, *mylord* de Suffolk, *mylord* de Wiltshire e o senhor Secretário. Depois da minha chegada, o senhor Secretário fez um sumário do seu informe a sua Majestade o Rei sobre o que os lordes da Comissão me tinham dito e sobre o que eu lhes respondera da última vez em que compareci diante deles. O senhor Secretário repetiu tudo isso tão bem, que tive de concordar e agradecer-lhe de coração.

A seguir, prosseguiu dizendo que sua Alteza o Rei não estava de forma alguma contente nem satisfeito com a minha resposta, mas que pensava que, com a minha conduta, eu tinha sido ocasião de muito dano e influência nociva no reino; e que tinha uma mente obstinada e má vontade para com ele; e qual era o meu dever, sendo eu seu súdito. Por essa razão, tinha-os enviado agora em seu nome para que lhes desse uma resposta direta e terminante sobre se pensava que o estatuto era legítimo ou não; e ordenava-me que o fizesse, fundado sobre a minha promessa de lealdade e obediência ao Rei. Disse-me que era meu dever, ou reconhecer e expressar que o seu título de Cabeça Suprema da Igreja da Inglaterra era legítimo, ou, ao contrário, expressar sem mais rodeios a minha má vontade.

Respondi-lhes dizendo que não albergava má vontade alguma e que, por conseguinte, não podia expressá-la. Quanto ao que se referia ao assunto, não podia dar outra resposta além da que já havia dado antes, e que sua senhoria o Secretário acabava de repetir. Muito me entristecia que sua Alteza o Rei tivesse tal opinião de mim. Se alguém tivesse dito a sua Alteza muitas coisas más de mim e que fossem falsas, e se o Rei momentaneamente as houvesse aceitado como verdadeiras, muito me doeria que tivesse tal opinião de mim por espaço de um só dia; mas, se tivesse a certeza de que, no dia seguinte, outra pessoa faria o Rei saber a verdade acerca da minha inocência, já ficaria aliviado com esta consideração.

A mesma coisa podia dizer agora: embora me doesse muito que sua Alteza, durante algum tempo, pudesse alimentar tal opinião a meu respeito, não podia eu remediá-lo. A única coisa que podia fazer era consolar-me com esta consideração: que sabia muito bem que haveria de chegar o momento em que o próprio Deus poria de manifesto a minha lealdade para com o Rei, diante dele e de todo o mundo. Esta reflexão talvez fosse muito pouco para consolar-me, pois enquanto aqui estava podia sofrer dano; mas mesmo assim já havia agradecido a Deus porque a minha situação neste assunto era tal que, por causa da clareza da minha própria consciência, por mais que sofresse um castigo, não podia sofrer dano algum.

Pois estava bem certo de que eu nunca tinha tido má vontade e de que sempre, desde o começo, havia procurado lealmente olhar primeiro para Deus e depois para os interesses do Rei, de acordo com a lição que sua Alteza me ensinara quando entrei pela primeira vez a seu nobre serviço: a lição mais sábia e prudente que jamais um príncipe ensinou ao seu servidor. Que sua Majestade agora tivesse má opinião de mim era grande tristeza, mas, como tinha dito, nada podia fazer para remediá-lo, a não ser consolar-me com a esperança do dia feliz em que a minha verdade para com ele será claramente revelada. Assim, nesta questão não podia ir mais longe nem podia dar-lhe outra resposta.

A isso, o Lorde-chanceler e o senhor Secretário responderam-me que o Rei podia forçar-me com as suas leis a responder claramente de uma maneira ou de outra. Ao que respondi que não discutia a autoridade do Rei, isto é, o que o Rei poderia fazer nessa hipótese; mas disse-lhes que, apesar de eu estar verdadeiramente disposto a ser corrigido, essa atitude me parecia um tanto dura. Pois se a minha consciência estava contra as leis – e ao dizer isto não fazia nenhuma declaração acerca de qual fosse a minha opinião –, então, sem fazer nem dizer nada contra a lei, seria uma coisa excessivamente dura forçar-me ou a concordar precisamente com o que dizia a lei para a perdição da minha alma, ou precisamente com o contrário, para a destruição do meu corpo.

A isso, disse-me o senhor Secretário que, quando eu era Chanceler, havia examinado hereges e ladrões e outros malfeitores, e começou a elogiar-me muito acima do que mereço nesse sentido. Disse-me que eu costumava então – assim pensava ele –, ou pelo menos costumavam os bispos, examinar os hereges sobre se acreditavam que o Papa era a Cabeça da Igreja, e que era costume forçá-los a dar uma resposta precisa. Por que não podia então o Rei forçar as pessoas a responder com a mesma precisão desse caso relativo à autoridade do Papa, uma vez que aqui existia uma lei pela qual sua Graça é Cabeça da Igreja neste país?

Respondi-lhe que não era minha intenção defender nenhuma das partes nem criar discussões, mas que havia uma diferença entre esses dois casos, porque naquele tempo o poder do Papa era reconhecido como incontestável tanto aqui como em todo o corpo da Cristandade, de alto a baixo, o que não parecia ser o mesmo que uma coisa aceita apenas neste reino, contra o que se aceitava nos outros reinos. Ao que o senhor Secretário respondeu dizendo que uns eram queimados vivos por negarem aquilo [a supremacia do Papa], tanto como outros eram decapitados por negarem isto [a supremacia do Rei], e que portanto a mesma razão existia para forçá-los a dar uma resposta precisa tanto num caso como no outro.

Respondi-lhe que um homem não está tão obrigado em consciência por uma lei de um só reino, quando existe uma lei contrária, em matéria de fé, para todo o corpo da Cristandade, como o está por uma lei para todos os cristãos. Mesmo que em algum lugar se decretasse uma lei local contra a lei universal, não seria razoável obrigar um homem a uma resposta precisa por causa da distinção entre a degolação e a fogueira, mas por causa da diferença de consciência; e neste caso a diferença era entre a degolação e o inferno.

Muito responderam a isto tanto o senhor Secretário como *mylord* Chanceler, e seria longo demais repeti-lo aqui. Em conclusão, propuseram-me um juramento pelo qual eu juraria responder com a verdade a tudo o que me perguntassem da parte do Rei e sobre a própria pessoa do Rei.

Ao que lhes respondi que era meu firme propósito nunca prestar juramento enquanto vivesse. Responderam-me que era muito obstinado se rejeitasse jurar, pois todos os homens o fazem em tribunais de justiça e em todas as partes. Disse-lhes que assim era com efeito, mas que a minha perspicácia não era tão curta que eu não suspeitasse que aquilo era parte do que se exigiria de mim no interrogatório, e que dava na mesma rejeitá-lo agora como mais tarde.

Mylord Chanceler respondeu que lhe parecia que eu adivinhava a verdade, e que podia ver por mim mesmo as perguntas que iam fazer-me. Foram-me mostradas e eram só duas: a primeira, se já tinha visto a lei; a outra, se julgava que a lei era ou não legítima. Recusei-me a assinar o juramento e acrescentei de palavra que, quanto à primeira, já havia respondido antes, e, quanto à segunda, não daria resposta alguma.

Isso foi o fim da entrevista, e disseram-me que me retirasse. Na entrevista anterior, haviam afirmado que era surpreendente que persistisse tanto em seguir a minha consciência quando nem ao menos tinha certeza. Respondi-lhes que tinha plena certeza de que a minha consciência, tão bem formada pelos estudos que eu tinha feito durante longo tempo, era compatível com a minha própria salvação. Não me intrometo com a consciência dos que pensam de outro modo. Cada homem *suo domino stat aut cadit*[61]. Não sou juiz de ninguém.

Também me haviam dito que, se era verdade que tanto me dava estar fora deste mundo ou permanecer nele, como lhes tinha dito, por que não falava claramente contra a lei? Ao que parecia, não me agradava morrer, apesar de dizer o contrário. Respondi-lhes com a pura verdade, isto é, que não fui homem de vida tão santa que pudesse agora oferecer-me com audácia à morte, não acontecesse que Deus permitisse a minha queda por causa dessa presunção; por isso, não me lançava eu para a frente, mas continha-me. No entanto, se o próprio Deus me encaminhasse para a morte, então confiaria em que, na sua grande misericórdia, não deixaria de dar-me graça e fortaleza.

Em conclusão, o senhor Secretário disse que hoje eu lhe parecia muito pior do que na entrevista anterior, porque então, comentou, tivera muita compaixão de mim, mas agora pensava que eu não tinha boa intenção. Mas Deus e eu sabemos que a tenho, e assim peço-Lhe que tenha boa intenção para comigo.

A ti e a todos os meus amigos, peço-vos que vos alegreis com qualquer coisa que me aconteça; e não vos preocupeis comigo, mas rezai por mim como eu o faço e continuarei a fazer por vós e por todos eles.

Teu carinhoso pai,

Thomas More, Cavaleiro

---

(61) *Está em pé ou cai para o seu senhor* (Rom 14, 4); o Apóstolo acrescenta: *mas há de manter-se de pé, pois o Senhor é poderoso para sustentá-lo.*

14. A Antônio Bonvisi[62]
Torre de Londres, junho de 1535

Esta carta, ao contrário das outras, foi escrita em latim. Erasmo já tinha elogiado muitos anos antes o talento de More para fazer amizades e mantê-las: «Parece ter nascido e sido feito para a amizade, que cultiva de maneira extremamente sincera e perseverante. [...] Se alguém precisa de um exemplar perfeito da verdadeira amizade, em ninguém o encontrará mais plenamente do que em More». Conserva-se outra nota de Thomas More a Bonvisi, escrita por volta de 1517, pela qual sabemos que o seu amigo italiano tinha lido a Utopia *com muito gosto e prazer.*

Ao melhor amigo de todos os amigos, e para mim merecidamente o mais querido, saudações.

Já que tenho o pressentimento (talvez falso, mas é o que pressinto) de que em breve não terei mais possibilidade de

(62) Antônio Bonvisi ou Buonvisi nasceu em Lucca (Itália) no dia 26 de dezembro de 1487. Desde jovem, trabalhou nos negócios mercantis e bancários do pai. Em 1505, foi para a Inglaterra, onde a família tinha uma empresa importadora de lã e joias, e ali fez fortuna. Serviu de banqueiro para o governo inglês, trabalhou em finanças internacionais e foi mecenas das humanidades. Foi também padrinho de Austin, neto de Thomas More e segundo filho de John More. Com grande frequência, Bonvisi mandou roupa, comida, vinho e outras utilidades ao bispo Fisher e a Thomas More, enquanto os dois estiveram na prisão. O cardeal Reginald Pole descrevê-lo-ia, anos mais tarde, como «um benfeitor muito especial dos católicos e das pessoas boas». A sua aversão à reforma protestante era bem conhecida e, tal como outros católicos fiéis ao Papa, acabou no exílio. Morreu em 1558 e foi enterrado em Lovaina.

escrever-te, decidi, enquanto posso fazê-lo, mostrar-te ao menos por esta breve carta quanto me alivia o prazer da tua amizade neste naufrágio da minha fortuna.

Certamente, excelentíssimo senhor, sempre me deleitei neste amor que me tens, mas quando me recordei de que agora já são quase quarenta os anos em que fui, não um convidado, mas um membro do lar dos Bonvisi, e de que nesse meio tempo não devolvi esse favor como um amigo, mas antes como um amante estéril, a minha vergonha fez com que aquela genuína doçura que saboreava com o pensamento da tua amizade pouco a pouco se tornasse amarga por causa de uma certa vergonha, a de ter sido negligente no meu dever para contigo. Mas consolo-me agora com o pensamento de que nunca tive ocasião de retribuir o teu favor. A tua fortuna foi sempre tão grande que não tive ocasião de fazer alguma coisa. Sou consciente, portanto, de não ter deixado de corresponder por negligência à minha dívida para contigo, mas por falta de oportunidade para fazê-lo.

Agora, porém, desapareceu até a esperança de recompensar-te, e tu apesar de tudo persistes em querer-me bem e em beneficiar-me, e corres ainda mais na tua amizade, como se fosses infatigável: poucos homens presenteiam os seus amigos da maneira como tu favoreces, amas, estimas e honras o teu More, prostrado como está, abjeto, afligido e condenado à prisão. Absolvo-me então de toda a amarga vergonha que antes sentia e descanso na doçura desta tua maravilhosa amizade. A minha boa sorte de ter um amigo tão fiel como és, parece-me que de algum modo – não sei como – chega quase a ser um contrapeso para este infortunado naufrágio dos meus barcos. Prescindindo da indignação de um Príncipe, a quem amo não menos do que deveria ser temido, a tua amizade quase compensa o restante das minhas perdas, pois elas devem ser contadas entre os males do destino.

Mas se eu contasse entre os bens caducos do destino a posse de uma amizade tão constante que nem essa queda tão adversa da minha sorte a arrebatou, antes a alicerçou mais, seria de verdade um homem demente. Pois a felicidade de uma amizade tão fiel e tão constante, mesmo contra os ventos contrários da sorte, é uma rara felicidade e, sem dúvida, um presente nobre e augusto que procede de uma especial benevolência de Deus. No que me diz respeito, não vejo nem aceito esta amizade de outra maneira senão como algo preordenado pela infinita misericórdia de Deus, que, dentre todas as minhas velhas e tênues amizades, preparou há muito tempo um homem como tu, tão bom amigo que és capaz de mitigar e aliviar com o teu consolo uma grande parte desta infelicidade que o peso do destino, avançando de cabeça contra mim, sobre mim lançou.

Portanto, meu querido Antônio, dentre todos os mortais o mais querido, rezo (é a única coisa que posso fazer) com toda a minha alma a Deus todo-poderoso, que te enviou a mim, para que, já que Ele te deu um devedor que jamais poderá pagar a dívida, se digne, na sua bondade, recompensar-te por esta beneficência que diária e tão copiosamente derramas sobre mim. Depois, rezo para que, pela sua grande misericórdia, Ele nos leve a nós dois deste violento e tempestuoso mundo para o seu descanso, onde não haverá necessidade de cartas, onde nenhum muro nos separará, onde nenhum carcereiro nos impedirá de conversarmos juntos, onde gozaremos da fruição de uma alegria sem fim com Deus o Pai Ingênito, e com o seu Filho Unigênito, nosso Senhor e Redentor Jesus Cristo, e com o Espírito Consolador que de ambos procede.

Enquanto lá não chegamos, que Deus todo-poderoso faça com que tu, meu querido Antônio, e eu, e todos os mortais onde quer que estejam, tenhamos por pouca coisa todas as riquezas deste mundo, com toda a glória que elas trazem, incluída a doçura da própria vida, pelo desejo ardente daquela alegria. E assim, meu amigo, dentre todos os meus amigos o mais fiel, aquele a quem mais quero bem e em quem mais confio, a ti que és a «menina dos meus olhos», como costumo chamar-te há muito tempo: Adeus. Que Cristo Jesus guarde sã e salva toda a tua família, tão parecida à sua cabeça no seu carinho por mim.

Thomas More. Seria vão acrescentar «teu», pois não podes ignorar que assim é, já que me fizeste teu com tantas amabilidades. Além disso, agora já não sou tal que importe muito saber a quem pertenço.

Nota editorial
O DRAMA FINAL

Escaramuças preliminares

No dia 1º de julho de 1535, uma quinta-feira, Sir Thomas More foi a julgamento em Westminster Hall, na mesma sala onde fora juiz da Suprema Corte, O humanista estava tão fraco que não pôde permanecer de pé durante a sessão, como era costume, mas reuniu toda a sua longa experiência jurídica e incansável fortaleza de espírito para lutar até o fim. Sabia que tudo o que se dissesse naquela sala seria registrado por escrito e repercutiria por toda a Inglaterra e Europa; sabia que naquele momento estava defendendo não apenas a própria vida e o bem-estar da sua família, mas as melhores tradições da justiça inglesa, a liberdade das consciências de todos os cidadãos e a independência da Igreja com relação ao Estado. Mesmo que sucumbisse, o seu gesto teria um valor simbólico perene.

O aparato montado para julgá-lo era impressionante: quinze juízes e um júri de doze pessoas. Mas estava-se longe de toda a imparcialidade: entre os juízes, encontravam-se o Lorde-chanceler Audley, o Secretário Cromwell, o duque de

Norfolk, e o pai, um tio e um irmão de Ana Bolena, que evidentemente tinham boas razões para condenar Sir Thomas, O Rei não estava disposto a ver os seus desejos frustrados mais uma vez.

Norfolk começou por oferecer a Sir Thomas o perdão real se ele «se arrependesse» e revogasse a «sua opinião arbitrária e obstinada». More agradeceu cortesmente, mas declinou o oferecimento dizendo que tinha a esperança de que Deus lhe concederia a graça de manter a sua «mente boa, honesta e reta até a última hora e o momento extremo» da sua vida.

Proclamaram-se quatro acusações de traição contra ele: no dia 7 de maio de 1535, ao ser interrogado por Cromwell, teria «recusado maliciosamente» aceitar a supremacia do Rei sobre a Igreja da Inglaterra; teria conspirado contra sua Majestade escrevendo cartas «traiçoeiras» ao bispo Fisher (que acabava de ser decapitado, uma semana antes); teria procurado provocar uma sedição, descrevendo o Ato de Supremacia como uma «espada de dois gumes» – isto é, uma lei que, se desobedecida, provocaria a morte temporal, e se obedecida, a morte eterna –; e teria negado «maliciosamente, traiçoeiramente e diabolicamente» que o Parlamento possuía poderes para declarar o Rei chefe supremo da Igreja da Inglaterra.

Sir Thomas respondeu com facilidade às três primeiras acusações, mostrando que jamais tinha falado do assunto com ninguém e que não se podia encontrar malícia onde apenas havia silêncio, porque «nem o vosso estatuto nem todas as leis do mundo podem condenar alguém senão por ter dito ou feito alguma coisa». Aliás, de acordo com a jurisprudência inglesa, o seu silêncio antes deveria ser interpretado como uma anuência à lei («quem cala, consente») do que como menosprezo dela. Quanto às cartas ao bispo de Rochester, nenhuma versava so-

bre assuntos de Estado; além do mais, como já não existiam[63], *e somente Fisher as tinha lido, onde estavam as provas da «traição»?*

Quanto à terceira acusação, no interrogatório do dia 3 de junho respondera de forma hipotética e sem malícia quando lhe tinham perguntado sobre a formulação do estatuto: se *o estatuto fosse considerado uma espada de dois gumes que forçasse uma pessoa a escolher entre a vida física e a espiritual,* então *talvez viesse a ser considerado ilegítimo nos tempos futuros.*

As três primeiras acusações tinham desabado como um castelo de cartas. Todo o caso dependia agora da quarta. Como último recurso, os juízes convocaram o Fiscal Richard Rich *a depor. Rich conversara com More quando fora confiscar-lhe o material de escrita e os livros, no dia 12 de junho, fazendo-lhe diversas perguntas insidiosas; agora, deu uma versão completamente deturpada da conversa, acusando-o de ter negado abertamente a potestade do Parlamento para declarar o Rei cabeça da Igreja.*

More contra-atacou de forma solene e contundente:

> *«Mylords, se eu fosse um homem que não tivesse respeito por um juramento, não precisaria estar aqui agora, como acusado neste caso, como é bem sabido de todos vós. E se este vosso juramento, Master Rich, for verdadeiro, então peço a Deus que eu nunca veja a Sua face, coisa que não diria em nenhuma outra hipótese, mesmo que fosse para ganhar o mundo inteiro. [...] Em boa fé, Master Rich, dói-me mais o vosso perjúrio do que o perigo em que me põe».*

---

(63) Como vimos no final da *Carta n.* 9, o ex-Chanceler, prudentemente, procurava recuperar as cartas que escrevia para que não servissem de arma contra ele.

Um frêmito percorreu a audiência. No silêncio que se seguiu, More viu-se obrigado a desacreditar o caráter da testemunha, que aliás era notório:

> *«Conheço-vos desde a vossa juventude, quando morávamos na mesma paróquia. E ali, como vós mesmo podereis afirmar (dói-me que me obrigueis a dizê-lo), sois considerado uma pessoa de língua solta, um grande jogador de dados e um homem de reputação pouco recomendável [...] Será que vos parece razoável, Mylords, que, em matéria tão relevante, eu me tivesse enganado tão completamente que chegasse ao ponto de confiar em Master Rich, um homem que sempre me pareceu tão pouco digno de confiança? [...] Pode parecer-vos razoável que eu revelasse a ele os segredos da minha consciência quanto à Supremacia do Rei?»*

A seguir, More estabeleceu a credibilidade do seu próprio testemunho: recordou aos jurados o favor e a confiança que o Rei lhe demonstrara ao longo de vinte anos e que muitas vezes manifestara em público, e a fidelidade com que ele mesmo desempenhara diversos cargos públicos. Em qual dos dois seria mais razoável confiar?

Os juízes viram-se em palpos de aranha. Convocaram para depor Sir Richard Southwell e Master Thomas Palmer, que tinham acompanhado Rich no confisco dos livros de More. Nenhum dos dois, porém, se dispôs a corroborar a declaração de Rich, alegando que «estavam tão ocupados em ensacar os livros que não tinham prestado atenção à conversa»...

Mas mesmo o colapso de todas as acusações não foi suficiente. O júri demonstrou que tinha sido muito bem adestrado, pois em menos de quinze minutos concluiu as deliberações e pronunciou o veredito: «Culpado». Lord Audley ergueu-se como um boneco de mola para dar a sentença, mas Sir Thomas interrompeu-o: «Mylord, quando eu administrava a justiça em casos semelhantes, costumava-se perguntar ao réu, antes de ler a sentença, se tinha alguma coisa a alegar». Confundido, o Chanceler teve de conceder-lhe licença para falar.

O clímax do drama

Chegou o momento clímax do drama. Sir Thomas sabia que a sua sorte estava selada e que já de nada adiantaria calar-se para proteger os seus familiares; por outro lado, agora podia confessar a sua fé em público, e não no silêncio da Torre:

> *«Considerando que estais decididos a condenar-me – e Deus sabe como! –, manifestarei simples e livremente, para descargo da minha consciência, o meu parecer sobre o estatuto e a acusação. [...] Esta acusação baseia-se numa lei do Parlamento que repugna diretamente à lei de Deus e da Sua Santa Igreja. E nenhum soberano temporal pode arrogar-se o direito, por nenhuma lei, de assumir o governo supremo da Igreja, ou de uma das suas partes, uma vez que esse governo pertence por direito à Sé de Roma. Essa preeminência espiritual foi conferida pela boca do nosso próprio Salvador, quando estava pessoalmente presente sobre a terra, unicamente a São Pedro e aos seus sucessores, os bispos da Santa Sé. Portanto, a acusação não pode ser dirigida, entre cristãos, contra nenhum cristão».*

E continuou o argumento, mostrando que «este reino, que é apenas um dos membros da Igreja, uma pequena parte dela, não pode instituir uma lei particular que esteja em desacordo com a lei geral da Igreja Católica instituída por Cristo para o Universo inteiro, assim como a cidade de Londres, que é apenas um pequeno membro do reino todo, não pode fazer uma lei contra um Ato do Parlamento, com a pretensão de vincular o reino inteiro». A seguir, demonstrou que o Act of Supremacy *e o* Act of Attainder *contrariavam várias outras leis e estatutos, a começar pela Magna Carta, cuja primeira cláusula proclamava que «a Igreja Inglesa será livre e terá garantidos os seus direitos sem nenhuma diminuição e as suas liberdades sem nenhum obstáculo», E tocou o nervo central:*

> *«Apelo para Deus, cujo olhar penetra no mais profundo do coração humano. Ele me servirá de testemunha. Pois não é só pelo assunto da supremacia do Papa que quereis o meu sangue. É também por não querer ceder no assunto do casamento».*

Ou seja, tamanha injustiça se cometia unicamente para encobrir a luxúria e a soberba do Rei. Fez-se silêncio na sala. Por um momento, as palavras de More tinham chegado a tocar a consciência dos seus juízes. Audley «temeu que a responsabilidade por esse julgamento recaísse toda sobre ele», e perguntou abertamente a Lord Fitz-James, o Presidente do Tribunal, se pensava que a acusação era suficiente para ditar a sentença. Fitz-James e os outros entreolharam-se por uns momentos, mas por fim a covardia venceu; com umas palavras de profunda ambiguidade, o Presidente transferiu novamente a responsabilidade para todo o tribunal: «Mylords, devo con-

fessar que, se o Ato do Parlamento não for injusto, a acusação, em consciência, não me parece insuficiente».

Audley aproveitou imediatamente a deixa e completou aquele duelo de cinismos: «Vede, mylords, ouvistes o que o senhor Presidente disse», e deu a sentença: Sir Thomas deveria ser «suspendido pelo pescoço» em Tyburn e cair em terra ainda vivo; a seguir, seria esquartejado e decapitado, e as quatro extremidades expostas onde o rei houvesse por bem indicar. Conforme o costume, perguntou a More se desejava acrescentar alguma coisa. O ex-Chanceler levantou-se:

> *«Espero e oro para que, apesar de Vossas Senhorias terem sido juízes da minha condenação, permaneçamos amigos para sempre e nos encontremos todos gozosamente no céu. [...] E assim, desejo também que Deus todo-poderoso preserve e defenda Sua Majestade o Rei e lhe inspire bons conselhos».*

Despedidas

Durante o trajeto de retorno para a Torre, que foi feito de barco pelo Tâmisa, o oficial encarregado de guardar More, William Kingston, rompeu em lágrimas. Mais tarde, explicou a William Roper: «Meu coração estava tão enfraquecido, e More tão forte, que foi ele quem me confortou, quando era eu que devia tê-lo confortado». Com efeito, More tinha-lhe dito: «Bom Master Kingston, não vos preocupeis, mas alegrai-vos, pois rezarei por vós e por minha boa senhora, vossa esposa, para que voltemos a encontrar-nos no céu, onde seremos felizes para sempre».

Quando a companhia desembarcou no cais da Torre, Margaret e John estavam à espera do pai, no meio da multidão de curiosos. Roper descreve assim a despedida:

«Quando Sir Thomas More regressou de Westminster para a Torre, a sua filha, minha esposa, desejosa de ver o pai, a quem já não esperava ver mais neste mundo, e desejosa também de receber a sua última bênção, aguardava perto do cais da Torre, por onde sabia que o seu pai passaria a caminho da Torre; ali aguardou a sua chegada.

«Logo que o viu, depois de receber com reverência e de joelhos a sua bênção, correu para ele e, sem nenhum cuidado por si mesma, meteu-se entre a multidão e a companhia de guardas armados de alabardas e espadas que o protegiam, e ali mesmo, à vista de todos, abraçou-o, tomou-o pelo pescoço e beijou-o. Ele, feliz por essa mostra espontânea e natural de afeto filial, deu-lhe a bênção e falou com ela para consolá-la.

«Pouco depois de retirar-se, não satisfeita com ter visto novamente o pai, e como que esquecida de si mesma, num arrebatamento de amor pelo seu amadíssimo pai, sem pensar em respeitos humanos nem na dificuldade de chegar até ele por causa da multidão que o rodeava, voltou-se de repente de novo, correu para ele como antes, passou-lhe os braços pelo pescoço como antes e várias vezes o beijou com amorosa ternura. Por fim, angustiada, viu-se forçada a separar-se dele».

15. A Margaret Roper
Torre de Londres, 5 de julho de 1535

Quatro dias depois da condenação à morte, Thomas More escreveu a última carta, confiando alguns pertences a Margaret – entre eles, a camisa-cilício que sempre tinha ocultado – e pedindo-lhe que se despedisse por ele dos familiares. O carinho verdadeiramente paterno com que fala tanto dos criados como dos membros da família é digno de nota.

Sir Thomas expressa o desejo de morrer no dia seguinte, por ser a oitava da festa de São Pedro e a véspera do traslado para Canterbury das relíquias de São Thomas Becket[64]*. Nesse desejo, More une maravilhosamente o seu amor pela Igreja Católica universal e pela Igreja local.*

Que o Senhor te abençoe, minha querida filha, e ao teu bom marido, e ao teu filho pequeno, e a todos os vossos,

---

(64) Thomas Becket (1117-1170) estudou teologia em Londres e Paris e Direito em Bolonha; amigo pessoal e conselheiro do rei Henrique II, ocupou diversos cargos públicos e foi nomeado Lorde-chanceler em 1158. Quatro anos mais tarde, pensando que teria nele um servidor incondicional dos interesses da casa real contra os da Igreja, o Rei elevou-o à Sé de Canterbury. Becket, porém, ao assumir as responsabilidades de bispo primaz, converteu-se, distribuiu as suas riquezas entre os pobres, passou a ter uma vida muito penitente e a defender vigorosamente os interesses da Igreja. Num momento de decepção e ira, o Rei comentou: «Não haverá entre os meus servidores ninguém que vingue a minha honra nesse miserável sacerdote?» Quatro cavaleiros tomaram as palavras ao pé da letra e chacinaram selvagemente o santo bispo em plena catedral. Dois anos depois, Becket foi canonizado e o Rei fez-se açoitar publicamente, em penitência, junto do seu túmulo.

e a todos os meus filhos e a todos os meus afilhados e a todos os nossos amigos. Cumprimenta quando puderes a minha filha Cecily[65]. Peço ao Senhor que a console; a ela e a todos os seus filhos envio a minha bênção. Pede-lhe que reze por mim. Mando-lhe um lenço, e queira Deus consolar o meu bom filho, seu marido. A minha querida filha Daunce tem o quadro em pergaminho que me entregaste da parte de Lady Coniers; o nome desta está na parte de trás. Explica-lhe que lhe suplico que o dê a ti para que, da minha parte, tu o envies a essa senhora, a fim de que lhe sirva de recordação e reze por mim.

Tenho um carinho especial por Dorothy Coly. Peço-te que sejas boa com ela. Pergunto-me se é sobre ela que me escreveste. Se não, peço-te que sejas boa com a outra, que a ajudes tanto quanto possas na sua aflição; e outro tanto com a minha filha Joan Aleyn. Dá-lhe uma resposta amá-

---

(65) *Cecily* era, como vimos, a terceira filha de Thomas More; nasceu em 1507 e casou-se com Giles Heron, tutelado de Sir Thomas, que também seria executado em 1540, em Tyburn.

Minha filha Daunce era Elizabeth More, segunda filha de Sir Thomas, casada com Wiliam Daunce.

John More era o único filho varão; estava casado com Anne Cresacre e tiveram oito filhos, sete homens e uma mulher. Quando o pai escrevia esta carta, já haviam nascido dois: *Thomas* e *Austin.* O pai recomenda-lhe, no fim desta carta, que esteja agradecido à mulher por esta ter recebido em herança a propriedade de Barnbrough, no Yorkshire.

Dorothy Coly era uma donzela de Margaret, casada com John Harris, o secretário de More.

Joan Aleyn era outra donzela de Margaret que, muito provavelmente, cresceu junto com as filhas da casa e frequentou a escola que Sir Thomas havia organizado para elas.

Minha filha Clement designa Margaret Giggs, uma órfã adotada por More em 1505 e educada na família. Em 1526, casou-se com John Clement, que tinha estudado medicina em Lovaina e Siena e era um dos médicos na Corte de Henrique VIII. Margaret Clement esteve presente na execução de São Thomas More. Morreu no exílio em 1570, dois anos antes do marido.

vel, porque até hoje não deixou de suplicar-me que eu te pedisse que fosses boa com ela.

Vou-te perturbar gravemente, minha boa e querida Margaret, mas sentiria muito se [a execução] fosse adiada para além de amanhã, porque é a véspera de São Thomas e a oitava de São Pedro, e por isso anseio que seja amanhã o dia em que eu vá para Deus. Seria uma data muito oportuna e conveniente para mim. Minha filha, nunca gostei tanto da tua conduta para comigo como quando me beijaste pela última vez, porque me agrada ver como a caridade terna e o amor filial não têm tempo para considerar a cortesia mundana.

Vai com Deus, minha querida filha, e reza por mim, e eu rezarei por ti e por todos os teus amigos, para que nos reunamos alegremente no céu. Obrigado por tudo o que fizeste por mim.

À minha filha Clement, mando-lhe a sua tábua de algoritmos; a ela e ao meu bom genro e a todos os seus, envio-lhes a bênção de Deus e a minha.

Peço-te que, quando te for possível, cumprimentes o meu bom filho John More. Agradou-me muito a sua maneira natural. Que Nosso Senhor o abençoe e à sua mulher, minha carinhosa filha. Peço a John que seja bom com ela, pois tem muitas razões para sê-lo. Se as terras que possuo forem parar às suas mãos, peço-lhe que não descumpra a minha vontade no que diz respeito a Thomas e a Austin e a todos os filhos que estes venham a ter.

Nota editorial

UMA MORTE BEM-HUMORADA

O bom humor de que Sir Thomas deu mostras até no dia da execução chegou a escandalizar alguns dos seus contemporâneos. O historiador Edward Hall afirma que não conseguiu decidir se More era «um sábio louco ou um louco sábio». Mas o que verdadeiramente estava por trás desse bom humor, que não abandonou mesmo nos momentos mais dolorosos dos quinze meses que durou a sua agonia – como pudemos ver por tantas passagens destas cartas da Torre –, não era uma avaliação frívola da realidade, mas a humildade heroica de um homem que não se leva muito a sério e a esperança de quem já olha apenas para o céu. Se nisso havia loucura, era a loucura cristã da Cruz, que é loucura para os que se perdem, mas poder de Deus para os que se salvam *(1 Cor 1, 18).*

No dia 6 de julho de 1535, terça-feira, muito cedo, o funcionário judicial Thomas Pope, conhecido do ex-Chanceler, veio comunicar-lhe que Henrique, por clemência, houvera por bem comutar o suplício pela simples decapitação, e que a execução devia ocorrer nesse mesmo dia, ainda antes das nove da manhã. Sir Thomas comentou ironicamente: «Não permita Deus que o Rei tenha semelhantes clemências com os meus amigos», mas a seguir acrescentou a sério que estava muito agradecido a sua Majestade, «e mais obrigado ainda por me ter trazido para este lugar, onde dispus de espaço e de tempo para preparar o meu fim». Diante dessas palavras, Pope desfez-se em lágrimas, e More viu-se novamente obrigado a consolar um dos seus carcereiros...

Quando o cortejo saiu para o Tower Hill, que ficava ao lado da Torre, a multidão já era enorme. Uma mulher do povo que, pelos vistos, não padecia de excesso de sensibilidade, gritou-lhe que algumas evidências de que ela precisava para um caso judicial ainda estariam com ele, e pediu-lhe que mandasse devolvê-las. Sir Thomas respondeu-lhe: «Boa mulher, tende mais um pouco de paciência, pois o Rei é tão bom para comigo que em menos de meia hora pretende desonerar-me de todos os negócios, encarregando-se pessoalmente da tua petição». Outra recriminou-o por ter dado uma sentença contra ela quando Chanceler; More respondeu-lhe sem a menor amargura: «Lembro-me bem do teu caso. Se tivesse que dar a sentença de novo, seria exatamente a mesma».

Quando chegou ao pé do cadafalso, disse a um dos guardas: «Ajudai-me a subir, que descer, descerei pelas minhas próprias forças». Uma vez no alto, dirigiu umas palavras aos circunstantes, dizendo-lhes que, por ordem do Rei, devia ser breve; pediu-lhes que rezassem por ele, pois ele faria o mesmo pelos presentes no outro mundo; que testemunhassem que ele morria na fé da santa Igreja Católica e por essa fé; e que incluíssem o Rei nas suas orações, para que Deus lhe enviasse bons conselheiros. A seguir, concluiu: «Morro como fiel servidor do Rei, mas de Deus primeiro».

Ajoelhou-se e rezou o Salmo 50; dispensou a assistência de um sacerdote cismático dizendo-lhe: «Deus não se recusará a acolher alguém que tem tanto desejo de estar com Ele». Quando o carrasco por sua vez se ajoelhou diante dele para pedir--lhe perdão, conforme o costume, disse-lhe: «Ânimo, rapaz, não tenhas medo de cumprir a tua função. O meu pescoço é muito curto; cuida de dar um golpe certeiro, para não seres considerado um principiante no teu ofício». Deu-lhe ainda uma capa de seda, que fora um presente de Antônio Bonvisi, e ficou envolvido apenas na túnica cinzenta de John Wood.

Vendou depois os próprios olhos e pôs a cabeça sobre o cepo, puxando a barba para a frente enquanto comentava: «Esta não cometeu alta traição». O carrasco cumpriu bem o seu ofício.

A cabeça de More substituiu a do bispo Fisher no alto da Ponte de Londres. Margaret conseguiu recuperá-la depois, subornando o carrasco que devia lançá-la ao Tâmisa, e quis mais tarde ser enterrada com ela no túmulo da família Roper, na igreja de Saint Dunstan, em Canterbury. O corpo mutilado foi sepultado numa capela da Torre, mas depois, por causa do afluxo de peregrinos, as autoridades resolveram jogá-lo na vala comum da mesma Torre, onde repousa junto com os restos mortais de São John Fisher, Ana Bolena e Thomas Cromwell, numa última demonstração dessa caridade em que soube envolver tanto os amigos como os inimigos.

Henrique VIII morreu de sífilis em 28 de janeiro de 1547.

ORAÇÕES E INSTRUÇÕES

UM TRATADO PARA RECEBER SACRAMENTAL E ESPIRITUALMENTE O SAGRADO CORPO DE NOSSO SENHOR, ESCRITO NO ANO DE NOSSO SENHOR DE 1534 POR SIR THOMAS MORE, ENQUANTO ERA PRISIONEIRO NA TORRE DE LONDRES, E AO QUAL APÔS O TÍTULO: PARA RECEBER O CORPO SAGRADO DE NOSSO SENHOR, TANTO SACRAMENTAL COMO ESPIRITUALMENTE.

Este pequeno tratado está entre os primeiros escritos que Thomas More compôs na Torre. Antes de ser preso, estava trabalhando numa obra intitulada Tratado sobre a Paixão, *que ficou incompleta. Em todo o caso, o humanista continuou-a de certa forma, ao menos tematicamente, neste opúsculo sobre a Eucaristia – instituída durante a ceia pascal da Quinta-feira Santa – e no livro maior sobre* A agonia de Cristo.

Embora ainda não pudesse ter certeza do desenlace que teria a sua prisão, Sir Thomas sabia que precisava robustecer-se espiritualmente para enfrentar com ânimo as provações que o aguardavam. Foi buscar as forças de que necessitava na oração e no Sacramento da Eucaristia, centro da vida cristã. Este é o pano de fundo de todo o tratado; o autor dirige-se aos «bons leitores cristãos», mas ao mesmo tempo medita em profundidade os dados da fé para tirar mais fruto das suas comunhões. Com efeito, Sir Thomas pôde comungar com regularidade durante todo o seu primeiro período na Torre.

A expressão que traduzimos aqui por «espiritualmente» corresponde no original a «vertually», palavra que tem a riqueza da raiz latina vir, *«varão», «homem forte». More aponta assim para aquilo a que se costuma chamar* comunhão espiritual: *uma breve oração em que a pessoa exprime o seu intenso desejo de estar unida em comunhão com Cristo e que, como dizem os teólogos, tem grande eficácia santificadora quando não se pode comungar sacramentalmente por alguma circunstância externa. Pouco antes da prisão, o humanista tinha escrito no* Tratado sobre a Paixão: *«Ele [Cristo] quer que recebamos o sagrado Cordeiro Pascal, o seu próprio Corpo bendito, tanto corporalmente, no santo Sacramento, como* espiritualmente, *com fé, esperança, caridade e boas disposições, quando não pudermos recebê-lo sacramentalmente». Durante a segunda fase do seu cativeiro, proibido de assistir à Missa, Sir Thomas só pôde comungar espiritualmente; mesmo assim, não só a sua união com Cristo não decaiu, como se traduziu vigorosa e crescentemente nas obras.*

Os subtítulos foram acrescentados para facilitar a leitura.

Preparação para receber a Comunhão

Recebem o sagrado Corpo do nosso Senhor sacramental e espiritualmente aqueles que recebem devida e dignamente o Santíssimo Sacramento. Quando digo «dignamente», não pretendo afirmar que haja um homem tão bom ou que possa ser tão bom que a sua bondade o torne, com toda a justiça e razão, digno de receber no seu vil corpo terreno a Carne e Sangue santos, bem-aventurados e gloriosos, do próprio Deus todo-poderoso, com a sua alma celestial e a majestade da sua divindade eterna; quero antes dizer que o homem pode preparar-se, colaborando com a graça de Deus, para chegar a um estado tal que a incomparável bondade de Deus, na sua liberal abundância, se digne tomá-lo e aceitá-lo como digno de receber o seu precioso e inestimável Corpo no corpo de um simples servidor.

Tal é a maravilhosa generosidade de Deus todo-poderoso, pois Ele não só se digna, mas até se deleita de verdade em estar com os homens, se estes se preparam para recebê-lo com alma limpa e virtuosa, pelo que diz: *Delitiae meae esse cum filiis hominum:* «As minhas delícias são estar com os filhos dos homens» [Prov 8, 31].

E como podemos duvidar de que Deus se deleita com os filhos dos homens quando o próprio Filho de Deus e verdadeiro Deus todo-poderoso quis não só fazer-se filho do homem, isto é, filho de Adão, o primeiro homem, mas além disso quis sofrer na sua inocente humanidade a dolorosa Paixão para a redenção e restauração do homem!

Para lembrança e memorial dessa Paixão, não menosprezou aceitar por dignos aqueles homens que a si mesmos não se fizerem deliberadamente indignos de receber o próprio santo Corpo nos seus corpos para inestimável bem-estar das suas almas.

Mais ainda, na sua soberana paciência, não se recusa a entrar corporalmente nos corpos vis daqueles cujas mentes sujas rejeitam recebê-lo graciosamente nas suas almas. Estes recebem-no apenas sacramentalmente, e não frutuosa nem espiritualmente, isto é, recebem o seu santíssimo Corpo nos seus corpos sob o sinal sacramental, mas não recebem a virtude e o efeito do Sacramento, a graça pela qual se tornariam membros vivos, incorporados ao sagrado Corpo Místico de Cristo. Em lugar dessa graça vivificante, recebem o seu juízo e a sua condenação.

Alguns, devido à injuriosa enormidade do propósito mortalmente pecaminoso com que se atrevem a receber esse Corpo sagrado, merecem que o diabo (com a permissão de Deus) entre pessoalmente nos seus corações, de forma que nunca mais têm a graça de expulsá-lo: pois assim como um homem monta e controla um cavalo com o freio e as esporas, e o faz ir aonde quiser guiá-lo, assim o diabo governa e conduz o homem com sugestões interiores, refreando-o diante de toda a ação boa e esporeando-o a praticar o mal, até que finalmente o leva a todo o tipo de maldade. Assim fez com o falso e traidor Judas, que recebeu aquele sagrado Corpo em pecado: primeiro, o diabo levou-o a trair o próprio Corpo santo do seu amabilíssimo Senhor, a quem acabava de receber sacrilegamente, e, umas poucas horas depois, conduziu-o à sua própria e desesperada destruição [cfr. Mt 26, 21-25 e 27, 3-5].

Por conseguinte, temos grave motivo para considerar bem, com grande temor e reverência, o estado da nossa própria alma quando nos aproximamos da mesa de Deus, e temos de purificar e limpar as nossas almas da melhor maneira que possamos – com a ajuda da especial graça divina, que antes teremos invocado com diligência –, mediante a confissão, a contrição e a penitência, com o propósito firme de rejeitar a partir desse momento os desejos soberbos do diabo, a cobiça avara da miserável riqueza terrena e as inclinações impuras da carne suja. E temos de decidir-nos com todas as nossas forças a perseverar nos caminhos de Deus e na santa pureza de espírito, não aconteça que, se ousarmos receber irreverentemente esta pérola preciosa [cfr. Mt 7, 6], esta pérola pura, o Corpo santo do nosso próprio Salvador contido sob o sinal sacramental do pão, como [se fôssemos] um porco fossando na sujeira e refocilando-se no barro, e o pisotearmos sob os pés asquerosos das nossas más inclinações, estimando-as mais do que o seu Corpo, e com a intenção de voltar a chafurdar e a refocilar-nos no charco fétido dos pecados, não aconteça, [digo,] que a legião dos diabos obtenha permissão de Cristo para entrar em nós, como obtiveram permissão para entrar nos porcos de Genesaré[66]; e que, assim como os lançaram a correr e não pararam até afogá-los no mar, assim nos lancem também nós a correr, e não deixem de afogar-nos no mar profundo da aflição eterna, se Deus, na sua grande misericórdia, não os refrear e nos der a graça de arrepender-nos.

O bem-aventurado Apóstolo São Paulo adverte-nos deste horroroso perigo quando diz na sua primeira Epístola aos Coríntios: *Quicumque manducaverit panem & biberit calicem Domini indigne, réus erit corporis & sanguinis Domini:* «Quem quer que coma este pão ou beba o cálice do nosso Senhor indignamente, será réu do Corpo e do Sangue de nosso Senhor» [1 Cor 11, 27].

Aqui tendes, bons leitores cristãos, uma sentença terrível e formidável que o próprio Deus pronuncia, pela boca do seu santo Apóstolo, contra todos os que recebem indignamente este Santíssimo Sacramento: estes se encontrarão com Pilatos, com os [príncipes dos] judeus e com

(66) São Tomás More, citando de memória, confunde «Gerasa» com «Genesaré». Cfr. Mt 8, 28-34.

o falso e traidor Judas, já que Deus julga a recepção e a comunhão indignas do seu Corpo sagrado uma ofensa nefanda contra a sua Majestade, como considerou nefanda a ofensa daqueles que injusta e cruelmente o mataram.

Exame de consciência

Por conseguinte – com o propósito de evitarmos por completo este perigo intolerável e de fazer-nos receber o Corpo e o Sangue do nosso Senhor de tal forma que Deus, na sua bondade, nos considere dignos, e assim não venham somente a sua Carne e Sangue sacramental e corporalmente aos nossos corpos, mas também eficazmente com a graça do Espírito Santo às nossas almas –, diz São Paulo na passagem antes recordada: *Probet seipsum homo, & sic de pane illo edat, & de cálice bibat:* «Examine-se a si mesmo o homem e desta sorte coma daquele pão e beba daquele cálice» [1 Cor 11, 28].

Mas de que maneira nos examinaremos? Não podemos acudir atabalhoadamente à mesa de Deus, mas havemos de examinar-nos antes, com tempo suficiente. Devemos, como dizia, considerar a fundo e examinar com certeza em que estado se encontra a nossa alma.

Mas não só seria muito difícil, se não talvez impossível, por mais esforço e diligência que puséssemos, alcançar uma certeza plena e indubitável [de que não estamos em pecado mortal] sem especial revelação de Deus. Como diz a Escritura: *Nemo vivens scit utrum ódio vel amore dignus sit:* «Ninguém sabe, enquanto está vivo, se é objeto do amor ou do ódio de Deus» [Ecl 9, 1][67]. E noutro lugar: *Etiamsi simplex fuero, hoc ipsum ignorabit anima mea:* «Se pensasse que sou inocente, isto é, sem pecado, é que não me conheceria a mim mesmo» [Jó 9, 21].

No entanto, Deus, na sua imensa bondade, satisfaz-se quando fazemos com diligência o que podemos para ver se não albergamos nenhuma intenção de pecado mortal. Pode acontecer que, apesar da nossa diligência, Deus – cujo olhar penetra muito mais profundamente no mais íntimo do nosso coração [do que nós mesmos] – enxergue algum pecado que nós não vemos, pelo que diz São Paulo: *Nihil enim mihi conscius sum, sed non in hoc iustificatus sum:* «Embora a consciência não me pese por coisa alguma, nem por isso me tenho por justificado» [1 Cor 4, 4]. Mas, na sua grande liberalidade, Deus aceita a diligência que pomos no exame de tal forma que não nos imputa qualquer outro pecado para nós desconhecido, antes pelo contrário, purifica e limpa esse pecado com a força e a virtude do Sacramento.

Fé

Neste exame do nosso eu de que fala São Paulo, um ponto muito especial deve ser examinar-nos e ver se temos a verdadeira fé e crença com relação a este Santíssimo Sa-

---

(67) A frase significa que ninguém pode ter certeza absoluta de estar ou não em estado de graça, a não ser por especial revelação divina, como diz Sir Thomas. O próprio São Paulo diz: *Nem eu mesmo me julgo* (1 Cor 4, 3). Isto não é razão para temer ou vacilar, mas sim para empregar os meios para estar em estado de graça: os atos de contrição e a confissão, como o autor diz a seguir.

cramento. Isto é, se de verdade cremos, como é na realidade, que sob a forma e aparência do pão está o verdadeiro Corpo bendito, a Carne e o Sangue do nosso santo Salvador, Cristo; o mesmo Corpo que morreu, o mesmo Sangue que foi derramado sobre a cruz pelos nossos pecados, e que ao terceiro dia ressuscitou gloriosamente para a vida e, com as almas dos santos tiradas do inferno, subiu maravilhosamente para o céu, onde está sentado à direita do Pai e de onde descerá visivelmente na grande glória para julgar os vivos e os mortos e retribuir a todos os homens segundo as suas obras.

Temos que ver, repito, se cremos firmemente que este Santo Sacramento não é um signo desnudado, ou uma mera figura, ou um [simples] penhor daquele Corpo santo de Cristo; mas que é, em memória perpétua da amarga Paixão que por nós sofreu, o mesmo Sangue precioso de Cristo que padeceu, agora consagrado e entregue a nós pelo seu poder todo-poderoso e pelo seu inefável amor.

Este artigo da fé é de tal necessidade e de tal peso naqueles que têm idade e discernimento para receber este Santo Sacramento que, sem essa fé, recebem-no unicamente para a sua própria condenação. E este ponto, íntegra e firmemente crido, deve ser ocasião para mover todo o homem a recebê-lo muito bem preparado em todos os demais aspectos, pois devemos reparar bem nas palavras de São Paulo: *Qui manducat de hoc pane, & bibit de cálice indigne, iudicium sibi manducat & bibit, non diiudicans corpus Domini:* «Quem comer deste pão ou beber deste cálice indignamente, engole e bebe a sua própria condenação, não fazendo o devido discernimento do corpo do Senhor» [1 Cor 11, 27-29].

O Bem-aventurado Apóstolo declara precisamente nesta passagem que quem de qualquer forma receber indignamente este excelentíssimo Sacramento, recebe-o para a sua própria condenação, porque pela sua própria conduta, nessa sua comunhão indigna, declara que não o discerne nem o julga nem o estima como esse verdadeiro Corpo do nosso Senhor que na realidade é.

Se esta verdade estivesse profundamente gravada no nosso peito, estaríamos na verdade muito endurecidos se ela não suscitasse em todos os nossos corações um fervor de devoção para receber dignamente esse santo Corpo.

Mas, certamente, não se pode duvidar por outro lado de que, se algum homem crê que se trata do verdadeiro Corpo de Cristo, e mesmo assim não se inflama em desejos de o receber com devoção, esse homem provavelmente receberia o Sacramento muito friamente e longe de toda a devoção; e [mais ainda] quem comungasse crendo que não se trata do seu Corpo, mas apenas de um penhor seu no lugar do seu Corpo, fá-lo-ia sem devoção alguma.

Humildade e reverência

Tendo agora firmemente no nosso coração a fé íntegra sobre este assunto, a saber, que o que recebemos é o verdadeiro Corpo de Cristo, parece-me que não fará muita falta que recebamos mais ensinamentos ou alguma outra exortação para nos sentirmos impelidos e incitados a recebê-lo com humildade e reverência.

Se houvesse um grande príncipe que, por especial favor, viesse visitar-nos na nossa própria casa, quantas coisas faríamos e que esforço poríamos para que a nossa casa estivesse arrumada até o último detalhe e da melhor maneira possível! [Procuraríamos deixar] tudo tão disposto e ordenado que esse príncipe visse, por meio dessa nossa honrosa recepção, o nosso amor por ele e a grande estima que lhe temos. Se considerássemos isto e comparássemos o príncipe da terra com este Príncipe do céu (há menos proporção entre eles do que a que há entre um rato e um homem), imediatamente saberíamos e aprenderíamos com quanta humildade de mente, com quanta ternura de amor no coração, com que reverência e humildade no porte, deveríamos procurar receber este glorioso Rei celestial, o Rei dos reis, Deus todo-poderoso, que tão amorosamente se digna entrar não só em nossa casa (visita da qual o nobre centurião se sabia indigno), mas até, com o seu Corpo precioso, na nossa vil e miserável carcaça, e com o seu Santo Espírito na nossa pobre alma.

Que diligência poderia bastar-nos aqui? Que solicitude poderia parecer-nos excessiva a fim de preparar a vinda deste Rei poderoso, que vem por um favor muito especial, não a nossas expensas, nem para que gastemos do que é nosso, mas para enriquecer-nos com o que é dEle? E vem apesar de tantos desgostos que rudemente lhe demos em pagamento pelos muitos e incomparáveis benefícios que nos fez. Como trabalharíamos para que a casa da nossa alma (na qual Deus viria descansar) não tivesse nem uma aranha venenosa, nem teias de aranha de pecado mortal penduradas do teto, nem sequer uma palha ou uma pluma de um mau pensamento: se pudéssemos vê-las no chão, nós as varreríamos imediatamente.

Mas, como não podemos, bons leitores cristãos, obter esta fé cristã nem nenhuma outra virtude a não ser pela graça especial de Deus, de cuja bondade procede todo o bem – como diz São Tiago: *Omne datum optimum & omne donum perfectum, de sursum est descendens a Patre luminum:* «Toda a dádiva preciosa e todo o dom perfeito vêm do alto, descem do Pai das luzes» [Ti 1, 17] –, peçamos a sua graciosa ajuda para alcançarmos esta fé e a sua ajuda para limparmos a nossa alma em preparação da sua vinda, para que Ele possa fazer-nos dignos de recebê-lo bem. Da nossa parte, temamos sempre a nossa indignidade e confiemos audazmente na sua bondade, se não deixarmos de colaborar com Ele. Porque, se deliberadamente deixarmos de fazer a nossa tarefa, fiados e consolados na sua bondade, então a nossa esperança não será esperança, mas uma insensata presunção.

Confiança

Depois, quando nos aproximarmos da sua santa mesa, na presença do seu santo Corpo, consideremos a sua gloriosa majestade que a sua bondade esconde de nós, bem como a forma própria da sua Carne santa, encoberta sob a forma de pão para nos poupar a uma confusão tal que talvez não a pudéssemos suportar, se, sendo o que somos, nós o víssemos e recebêssemos tal como é; e também para aumentar o mérito da nossa fé na obediente crença no Sacramento, que se fundamenta na sua palavra, pois os nossos olhos e a nossa razão mostram o contrário.

Como acontece que essa fé é muito fraca, embora creiamos, e está muito longe do vigor e da força que Deus quereria, digamos-lhe com o pai que tinha o filho mudo:

Credo, Domine, adiuva incredulitatem meam: «Creio, Senhor, mas ajuda a minha falta de fé» [Mc 9, 23]. E, com os seus bem-aventurados Apóstolos: *Domine, adauge nobis fidem,* «Senhor, aumenta-nos a fé» [Lc 17, 5]. E com aquele pobre publicano cheio de muita mansidão de coração, reconhecendo a nossa falta de dignidade: *Deus, propitius esto mihi peccatori:* «Meu Deus, tem misericórdia de mim porque sou um pecador» [Lc 18, 13]. E com o Centurião: *Domine, non sum dignus ut intres sub tectum meum*: «Senhor, eu não sou digno de que entres na minha casa» [Mt 8, 8].

Mesmo assim, ao recordarmos a nossa própria indignidade e, portanto, a grande reverência, temor e assombro que devemos ter da nossa parte, não esqueçamos o seu amor infinito, que não desdenha vir a nós e ser por nós recebido apesar de toda essa nossa indignidade.

Ao vermos ou recebermos este excelente memorial da sua Morte – pois em memória dela se consagra e se nos dá o seu próprio Sangue e a sua Carne bendita –, devemos recordar e trazer à mente com terna compaixão as dores agudas da sua dolorosíssima Paixão. E, além disso, alegrar-nos e exultar na consideração do incomparável amor que Ele nos mostrou e declarou ao sofrer por nós para nosso inestimável benefício. Assim, havemos de estar seriamente temerosos devido à nossa indignidade, mas também muito alegres e cheios de esperança ao pensar na sua imensa bondade.

Santa Isabel, ao receber a visita e saudação da nossa bem-aventurada Senhora, tendo por revelação o conhecimento interior e certo de que a nossa Senhora tinha concebido o nosso Senhor, e embora também ela estivesse de esperanças, poderia ter pensado conveniente e apropriado, pela diferença de idade [que havia entre elas], que a sua jovem prima a visitasse; mas agora, sendo esta a Mãe do nosso Senhor, ficou profundamente assombrada com a sua visita e julgou-se indigna dessa honra; por isso disse-lhe: *Unde hoc, ut veniat mater Domini mei ad me?:* «E de onde me vem tanto bem, que a mãe do meu Senhor venha visitar-me?» [Lc 1, 43]. Mas, por maior que fosse o rubor da sua indignidade, concebeu uma alegria e um alívio tais que a sua santa criança, São João Batista, saltou de alegria no seu ventre, pelo que ela disse: *Facta est vox salutationis tuae in auribus mei, exaltavit gáudio infans in utero meo:* «Assim que a voz da tua saudação chegou aos meus ouvidos, a criança no meu ventre começou a dar saltos de júbilo» [Lc 1, 44].

Assim como Santa Isabel, pelo Espírito de Deus, teve esses santos afetos, tanto de reverência ao considerar a sua indignidade diante da visita da Mãe de Deus, quanto de uma grande alegria interior, assim nesta visitação, em que não é a Mãe de Deus, como aconteceu com Santa Isabel, mas Alguém incomparavelmente mais excelso do que a Mãe de Deus o era com relação a Santa Isabel, que se digna vir e visitar a cada um de nós com a sua bendita presença, pois não vem à nossa casa, mas a nós mesmos, peçamos, digo, ajuda ao próprio Espírito Santo que a inspirou a ela, e peçamos-lhe nesta excelsa e santa visita que nos inspire de tal modo que nos envergonhe o susto reverente da nossa própria indignidade, e que também concebamos uma gozosa consolação e alívio na consideração da inestimável bondade de Deus.

E que cada um de nós diga com reverente susto e admiração: *Unde hoc, ut veniat Dominus?:* «De onde me vem tanto bem, que venha o Senhor visitar-me?» E não só a mim, mas ao meu íntimo. Com o coração cheio de alegria, poderemos verdadeiramente dizer ao contemplar a sua bendita presença: *Exaltavit gáudio infans in utero meo:* «A criança no meu ventre, isto é, a alma no meu corpo (essa alma que deveria ser criança na inocência, como era inocente o infante São João), salta, meu Senhor, de alegria».

Ação de graças. Fé e obras de fé

Depois de recebermos o nosso Senhor e de o termos no nosso corpo, não o deixemos só, indo-nos para outros assuntos, sem fazer mais caso dEle (pouco bem nos faria isso). Seja a nossa única ocupação atendê-lo. Falemos-lhe em devota oração, falemos com Ele em devota meditação. Digamos com o profeta: *Audiam quid loquatur in me Dominus:* «Escutarei o que o nosso Senhor há de falar dentro de mim» [Sl 85, 8].

Não há dúvida de que, se deixarmos tudo de lado e o atendermos, não nos deixará de inspirar, falando-nos por dentro como mais convenha para nosso grande alívio espiritual, para fortalecimento e proveito da nossa alma. Por conseguinte, aprendamos com Marta que toda a nossa ocupação exterior deve pertencer a Ele, alegrando-o por amor dEle a Ele e aos seus companheiros – isto é, as pessoas pobres, cada uma das quais Ele aceita não só como um discípulo seu, mas como se fosse Ele mesmo. Pois Ele mesmo disse: *Quamdiu fecistis uni de hiis fratribus méis minimis, mihi fecistis:* «O que fizestes a algum destes meus irmãos mais pequeninos, foi a mim que o fizestes»

[Mt 25, 40]. E também com Maria sentemo-nos em contemplação piedosa, e atendamos bem ao que o nosso Salvador, sendo agora nosso hóspede, nos dirá interiormente[68].

Temos agora um tempo de oração muito especial, quando Aquele que nos fez e nos resgatou, Aquele a quem ofendemos, Aquele que nos julgará, Aquele que nos condenará ou salvará, se fez com imenso amor nosso convidado e está pessoalmente presente dentro de nós, e com nenhum outro propósito senão que lhe supliquemos o seu perdão e assim possa salvar-nos. Não percamos, pois, o nosso tempo nem permitamos que esta ocasião passe sem mais nem menos, pois não sabemos se voltará a repetir-se ou não.

Esforcemo-nos para que fique conosco e digamos com os discípulos de Emaús: *Mane nobiscum, Domine:* «Fica conosco, Senhor» [Lc 24, 29], e estaremos certos de que Ele não se irá embora a não ser que o deixemos ir. Não façamos como a gente de Genesaré[69], que lhe pediu que se fosse embora das suas terras, pois haviam perdido uma vara de porcos por culpa dEle, para salvar um homem do qual havia expulsado uma legião de demônios que logo a seguir destruíram os porcos. Não façamos algo parecido, expulsando Deus por um amor desordenado aos lucros temporais ou por desejos sujos, ao invés de abandonar tudo nEle para proveito das nossas almas; se isto acontecer, podemos

---

(68) São Thomas More refere-se a Maria de Betânia, irmã de Marta e de Lázaro: cfr. Lc 10, 38-42. As duas irmãs são um símbolo clássico da «vida ativa» – o trabalho e o serviço a todas as pessoas – e da «vida contemplativa» ou a vida de oração; unindo-as nesta passagem, More indica que a autêntica vida ativa e contemplativa se exigem mutuamente.

(69) Gerasa; ver nota acima.

ter a certeza de que Deus não ficará conosco, uma vez que o teremos expulsado tão rudemente.

E não façamos tampouco o que fizeram as turbas de Jerusalém, que no Domingo de Ramos receberam Cristo esplendidamente e com grande fervor em devota procissão; e na Sexta-feira seguinte o entregaram a uma vergonhosa Paixão. No domingo, gritavam: *Benedictus qui venit in nomine Domine:* «Bendito o que vem em nome do Senhor»; e na sexta clamavam: *Non hunc, sed Barábbam:* «Não queremos este, mas Barrabás». No domingo, gritavam: *Hosanna in excelsis;* na sexta, *Tolle, tolle, crucifige eum*[70].

Certamente nunca o recebemos tão bem e tão devotamente como na Páscoa; se depois caímos num estado miserável, vivendo num pecado que expulsa o nosso Senhor das nossas almas, provamos que o tínhamos recebido como os judeus. Pois fazemos tudo o que podemos para tornar a crucificar Cristo: *Iterum,* diz São Paulo, *crucifigentes filium Dei*[71].

Bons leitores cristãos, recebamos o nosso Senhor como o bom publicano Zaqueu, que, desejando ver Cristo e por ser baixo de estatura, subiu a uma árvore. Nosso Senhor, vendo a sua devoção, chamou-o e disse-lhe: «Zaqueu, desce porque hoje devo hospedar-me contigo». E ele desceu com toda a pressa e recebeu-o com muita alegria na sua casa. Mas não o recebeu somente com a alegria de uma emoção superficial e passageira, antes provou com as suas obras virtuosas que o tinha recebido seriamente e

---

(70) *Hosana nas alturas* e *Tira-o, tira-o, crucifica-o*; cfr. Mt 21, 9 e 23, 39; Lc 13, 35; Jo 19,25.

(71) *Crucificam novamente o Filho de Deus* (Hebr 6, 6).

com boa intenção. A partir desse momento, reembolsou os que tinha defraudado e, generosamente, por cada centavo devolveu-lhes quatro. E, mais ainda, imediatamente, sem demora, ofereceu-se a dar metade dos seus bens aos pobres. Por isso, não disse: «Ouvirás que vou dar...», mas disse: *Ecce dimidium bonorum meorum do pauperibus:* «Olha, Senhor, dou a metade dos meus bens aos pobres» [Lc 19, 8].

Com essa jovialidade, com essa presteza de espírito, com essa alegria e gozo espirituais com que esse homem recebeu o Senhor na sua casa, dê-nos o nosso Senhor a graça de receber o seu bendito Corpo e Sangue, a sua santa Alma, junto com a sua Divindade todo-poderosa, nos nossos corpos e nas nossas almas, para que o fruto das nossas boas obras dê testemunho diante da nossa consciência de que o recebemos dignamente, e com uma fé tão plena e um propósito tão firme de viver bem, como estamos obrigados a fazer.

Então Deus pronunciará a sua graciosa sentença e dirá à nossa alma como disse a Zaqueu: *Hodie salus facta est huic domui:* «Hoje foi dia de bem-estar e salvação para esta casa» [Lc 19, 9]. Que a santíssima pessoa de Cristo que recebemos realmente no Santo Sacramento, pelos méritos da sua amarga Paixão (da qual instituiu o seu Corpo bendito como memorial), se digne conceder-nos a todos nós essa salvação.

Uma instrução espiritual, escrita em latim por Sir Thomas More, enquanto estava na prisão na Torre de Londres, no ano de Nosso Senhor de 1534

More enfrenta de maneira extraordinariamente lúcida e corajosa o tema e a perspectiva da morte.

Quem salvar a sua vida de um modo que ofenda a Deus, muito em breve chegará a odiá-la. Pois se dessa forma salvares a tua vida, aborrecê-la-ás com tal ódio no dia seguinte que te entristecerá que a morte não te tenha levado um dia antes. Que hás de morrer, é algo de que sem dúvida alguma te lembrarás: mas como ou quando, não o sabes de modo algum. Razão tens para temer, não seja que depois desses adiamentos se sigam os tormentos sem fim no inferno, onde os homens desejarão morrer e a morte fugirá deles [cfr. Apoc 9, 6]; ao passo que, ao sofrimento da morte que tanto aborreces, ter-se-iam seguido sem nenhuma dúvida as alegrias do céu.

Que insensatez é esta de pretender evitar a morte temporal para cair numa morte que dura para sempre? E, para cúmulo, não escaparás da temporal senão por algum tempo: é um mero adiamento. Por acaso pensas que, se escapares agora da morte, já a terás vencido para sempre? Ou julgas talvez que morrerás, sim, noutro momento, mas sem dor? Pelo contrário, pode ser que te aconteça aquilo que aconteceu com aquele homem rico que prometia a si mesmo uma vida muito longa; Cristo recordou-lhe: «Insensato, nesta mesma noite virão buscar a tua vida» [cfr. Lc 12, 20].

Além disso, sabes com certeza que um dia terás de morrer, e também que não podes ter uma vida longuíssima, pois a vida do homem sobre a terra é muito breve. Finalmente, suponho que não duvidas de que, quando chegar o momento em que estiveres doente e acamado, começarás a sentir as angústias da morte que se aproxima e desejarás que, pela salvação da tua alma, tivesses padecido uma morte cruel e terrível muito antes. Não há razão, portanto, para temeres tão desesperadamente que aconteça aquilo que, como sabes muito bem, um pouco mais tarde desejarias que tivesse acontecido antes.

Os que padecem pela vontade de Deus, que recomendem as suas almas ao seu fiel Criador [cfr. 1 Pe 4, 19]. Queridíssimos, quando Deus vos provar com o fogo das tribulações, não estranheis, como se vos acontecesse uma coisa muito extraordinária; antes, alegrai-vos por participardes da paixão de Cristo, para que, quando se revelar a sua glória, vós vos alegreis também com Ele cheios de júbilo [cfr. 1 Pe 4, 12-13]. Deveriam envergonhar-se os homens bons de serem mais timoratos em fazer o bem do que os homens maus em fazer o mal. Não seria impossível ouvir um ladrão dizer sem hesitação que seria um covarde quem vacilasse em sofrer meia hora pendurado, se depois pudesse viver sete anos de prazer e desafogo. E que vergonha seria então para um homem cristão perder a vida e a felicidade eternas, só para não padecer uma morte rápida antes do tempo! Sabendo além disso, e muito bem, que há de sofrê-la de uma forma ou de outra, e dentro em pouco, e que, a não ser que se arrependa a tempo, imediatamente depois da sua morte temporal cairá na morte eterna, muito mais horrível do que qualquer outra morte.

Se o ser humano pudesse ver um desses demônios que em grande número nos vigiam diariamente, desejando atormentar-nos para sempre no inferno, bastaria o medo desse único diabo para não dar nenhuma importância a todas as ameaças mais terríveis que se possam imaginar. E muito menos lhe importariam, se pudesse contemplar os céus abertos e Jesus ali sentado, como o viu o bem-aventurado Estevão [cfr. At 7, 55-56].

O vosso inimigo, o diabo, anda girando ao vosso redor como um leão que ruge, em busca de uma presa que devorar [cfr. 1 Pe 5, 8]. Bernardo diz[72]: Agradeço humildemente ao grande leão da tribo de Judá; bem pode rugir esse outro leão, mas não pode morder-me. Por mais que nos ameace, não sejamos tão covardes que só pelos seus rugidos caiamos prostrados ao chão. Seria de verdade um animal e desprovido de inteligência quem fosse tão pusilânime que se entregasse só por medo, ou que ficasse tão desconcertado com a vã imaginação das dores que talvez tenha de sofrer que, ao simples toque da trombeta, ainda antes de começar a batalha, já estivesse vencido por completo. Porque ainda não resististes até derramar o sangue [cfr. Hebr 12, 4], diz aquele valente capitão que bem sabia que os rugidos desse leão não eram coisa de que se chegasse a morrer. E outro diz: Resisti ao diabo e fugirá de vós [cfr. Ti 4, 7]. Resisti-lhe firmes na fé [cfr. 1 Pe 5, 9].

---

(72) Cfr. São Bernardo, *Sermo XIII*, sobre o Sl 90.

Aqueles que, tendo abandonado a esperança em Deus, vão em busca de auxílio nos homens, hão de perder-se, como advertiu Isaías (cap. 31). Assim pereceu o rei Saul que, por não ter recebido imediatamente o que era do seu agrado, impaciente, murmurando e desesperando de Deus, acabou por buscar o conselho de uma feiticeira, ele que havia decretado com edito público que todas as feiticeiras deviam ser castigadas [cfr. 1 Re 28, 2-25].

Lição espiritual escrita por Sir Thomas More pouco depois de sua prisão na Torre de Londres no Ano do Senhor de 1534

Um dos traços mais impressionantes de todos os escritos da Torre é a serenidade com que More enfrenta os seus inimigos, sem nunca lhes faltar sequer ao respeito, e o empenho com que reza por eles. A maior prova para a caridade talvez esteja justamente nesta capacidade de perdoar. Nesta breve meditação, Sir Thomas enumera as razões para só retribuir o mal com o bem.

Não tenhas má vontade para com ninguém. Pois de duas, uma: ou é bom ou é mau. Se é bom e o odeio, então sou eu o mau. Se é um homem mau, ou se arrependerá e morrerá bem e irá para Deus; ou permanecerá na sua maldade e irá para o diabo.

Deixa-me recordar-te que, se esse homem mau se salvar, não deixará de amar-me de todo o coração (se eu também me salvar, como espero), e então o amarei da mesma maneira. Portanto, por que odiar por algum tempo alguém que depois me amará para sempre? Por que ser inimigo agora de quem um dia estará unido a mim numa amizade eterna?

Por outro lado, se essa pessoa continuar na sua maldade e se condenar, é tão terrível o castigo eterno que lhe cairá em cima que eu seria implacavelmente cruel se, ao invés de compadecer-me dela na sua pena, alimentasse rancor por ela.

Se alguém dissesse que podemos, em boa consciência, desejar a uma pessoa má que sofra um dano, para que ela não faça mal a outras pessoas inocentes e boas – não discutirei agora esta questão, pois tem mais ramificações, e todas elas têm de ser sopesadas e consideradas, mais do que posso escrever agora com comodidade, pois não tenho outra pena que um pedacinho de carvão.

Mas não duvido em dar este conselho a todos os meus amigos: a não ser que, por força de um cargo público, recaia sobre alguém a responsabilidade de castigar um homem mau, essa pessoa deve abandonar o desejo de castigar, deixando-o nas mãos de Deus e de outros que estejam bem estabelecidos na caridade e tão unidos a Deus que nenhuma inclinação secreta, maliciosa e cruel possa insinuar-se e solapar-lhes a caridade sob o disfarce de um zelo justo e virtuoso. Nós, que não somos melhores do que os homens medíocres, rezemos sempre para que os outros alcancem o arrependimento misericordioso de que nós mesmos precisamos, como a nossa própria consciência nos diz.

Uma meditação espiritual escrita por Sir Thomas More, Cavaleiro, enquanto estava preso na Torre de Londres

Nesta oração, More pede o pleno desprendimento e, com ele, a capacidade de abandonar-se nos braços de Deus.

Dai-me a vossa graça, meu Senhor,
para ter o mundo em nada.

Para ter a minha mente bem unida a vós
e não depender das censuras dos outros.

Para estar contente na minha solidão;
Para não ansiar por companhia mundana;

Para que pouco a pouco me desprenda por inteiro do mundo
E liberte a minha mente de todas as suas idas e vindas.

Para que não anseie ouvir falar de coisas terrenas,
E, pelo contrário, ouvir essas fantasias se me torne desagradável.

Para que pense em Deus com alegria
E implore ternamente a sua ajuda.

Para que me apoie na fortaleza de Deus
e me esforce com denodo por amá-lo.

Para que conheça a minha própria miséria e vileza;
Para que me humilhe sob a mão poderosa de Deus.

Para que deplore os pecados da minha vida;
E, para purificá-los, sofra com paciência a adversidade.

Para carregar com alegria o meu purgatório na terra;
Para alegrar-me nas tribulações.

Para percorrer a senda estreita que conduz à vida,
Para levar a cruz com Cristo;

Para ter presentes os novíssimos[73].
Para ter sempre diante dos meus olhos a minha morte,
Cada vez mais próxima.

Para não fazer da morte uma figura estranha,
Para vislumbrar e pensar sobre o fogo eterno do inferno.

Para pedir perdão antes que o Juiz chegue,
Para ter sempre presente a paixão que Cristo sofreu por mim.

Para dar-lhe graças sem cessar pelos seus benefícios;
Para redimir o tempo que perdi;

---

(73) As últimas realidades da existência humana: a morte, o juízo, o inferno e o paraíso.

Para abster-me de vãs conversas;
Para fugir de toda a alegria frívola e tola;

Para cortar toda a recreação desnecessária.
Para ganhar Cristo, e para isso ter em nada de nada a perda da fortuna, dos amigos, da liberdade, da vida e de tudo.

Para ter os meus piores inimigos como os meus melhores amigos;
pois os irmãos de José nunca lhe teriam feito tanto bem com o seu amor e favor como fizeram com o seu ódio e maldade[74].

Disposições como estas deveriam ser mais desejadas pelos homens do que todos os tesouros de todos os príncipes e reis, tanto cristãos como pagãos, se pudessem ser reunidos todos juntos num só montão.

---

(74) Cfr. Gên, caps. 37-50, onde se narra como os filhos do patriarca Jacó venderam o irmão mais novo, José, como escravo aos egípcios. Ali, tendo interpretado corretamente uns sonhos do faraó, José chegou a tornar-se primeiro-ministro. Tendo perdoado os irmãos, chamou-os para lá residirem.

NOTA EDITORIAL
A PERENIDADE DE THOMAS MORE

Por ocasião da canonização de Sir Thomas More e do bispo John Fisher, o Papa Pio XI comparava-os a «grandes faróis erguidos para brilhar e para iluminar os caminhos de Deus», E continuava:

«Essas duas figuras que hoje estão erguidas diante de nós como objeto da nossa admiração deveriam ser também objeto da nossa imitação; e, embora se trate de dois personagens tão grandes, essa imitação não só não é difícil, como é inteiramente possível. [...] Com efeito, há muitas oportunidades de imitar os mártires sem o martírio do sangue e da morte. Há um martírio que consiste na angústia que todos experimentamos ao seguir os caminhos de Deus e cumprir os próprios deveres. Há um martírio que consiste nas dificuldades de um dever cumprido exata, fiel e plenamente. Há um martírio que ocorre na contínua e perseverante fidelidade nas pequenas coisas, na exigência contínua de mais diligência no serviço a Deus, no dever diário que se torna a cruz de cada dia»[75].

(75) *The Tablet*, 16.03.1935, págs. 337-338.

A intimidade do grande humanista e santo, que se revela nos escritos da prisão, não deve ser apenas uma curiosidade histórica digna de nota, mas um exemplo que nos abale e arraste, Porque surpreendemos, por assim dizer, ao vivo uma alma que luta com todas as forças para corresponder à vontade de Deus, sobrepondo-se a si mesma. Retomemos a seguir, em breves pinceladas, algumas breves passagens em que ressalta com clareza o esforço com que Sir Thomas More lutou por alcançar as virtudes de que precisava nessa hora suprema da sua vida, a fim de que também nós aprendamos a buscá-las nas nossas circunstâncias.

More foi chamado um «mártir da consciência». A palavra «mártir» significa, etimologicamente, «testemunha», e realmente o martírio é a proclamação de que há realidades mais importantes até do que a própria vida terrena. Com a sua vida e a sua morte, Sir Thomas proclamou em plenitude a verdade daquele velho adágio teológico que relativamente poucos cristãos – por infelicidade – se dispõem a traduzir em realidade prática: «Antes morrer do que pecar».

«A consciência é o núcleo secretíssimo e o sacrário do homem, onde ele está sozinho com Deus e onde ressoa a sua voz», diz-nos o Catecismo da Igreja Católica *(n. 1776). Para cada ser humano, a consciência ilumina o caminho que deve seguir; por isso, é imperioso* formá-la bem *– para que se possa ter a certeza de agir de acordo com a verdade – e depois* segui-la *apesar das tentações ou pressões exteriores e das cumplicidades ou covardias interiores. Nas Cartas da Torre, vimos como More afirma diversas vezes, diante dos mais diversos interlocutores, que não examinou «superficialmente» os assuntos sobre os quais teve de pronunciar-se, mas que os «estudou e consultou durante muitos anos» (*Carta n. 7*); e, uma vez alcançada a clareza e a certeza do que devia fazer, já não*

se deixou demover por nada: «Não posso remediá-lo de forma alguma, pois foi Deus quem me pôs neste aperto: ou desagradar-lhe mortalmente, ou aceitar qualquer dano temporal que Ele permita que venha a recair sobre mim» (ibid).

Numa carta, Sir Thomas comenta a Margaret: «A claridade da minha consciência fez o meu coração saltar de alegria». Palavras aparentemente paradoxais para quem tinha perdido a honra e todos os bens deste mundo, mas que revelam uma alma serena, uma alma que, pela sua firme e justificada esperança, já se sabe de posse daquilo que unicamente importa: a vida eterna na união de amor com Deus. Ao seu amigo mais fiel, Antônio Bonvisi, More escrevia, revelando o segredo da sua paz interior: «Rezo para que, pela sua grande misericórdia, Ele nos leve a nós dois deste violento e tempestuoso mundo para o seu descanso, onde não haverá necessidade de cartas, onde nenhum muro nos separará, onde nenhum carcereiro nos impedirá de conversarmos juntos, onde gozaremos da fruição de uma alegria sem fim com Deus o Pai Ingênito, e com o seu Filho Unigênito, nosso Senhor e Redentor Jesus Cristo, e com o Espírito Consolador que de ambos procede».

Thomas More foi, no mais pleno sentido do termo, um homem prudente. *Prudente não apenas por ser habilidoso no manejo das leis ou por saber dosar as palavras, mas porque soube identificar onde estava o bem autêntico e aderir a ele sem vacilar. O humanista tinha um profundo «respeito pela sua própria alma» (cfr.* Carta n. 2*), e por isso mesmo não estava disposto a vendê-la por nada deste mundo, nem pela própria vida temporal.*

More mostra-se prudente também em não se deixar arrastar por uma atitude desafiadora ou pela temeridade de buscar diretamente o martírio. Já nos primeiríssimos tempos, durante as grandes perseguições movidas pelos imperadores romanos, a Igreja recomendava aos cristãos que não se apresentassem ao martírio por um falso zelo, que no final das contas bem podia provir de uma presunção demasiado humana e por isso mesmo desembocar na queda e na traição. «O primeiro título da vitória é confessar o Senhor, uma vez posto na prisão pelos pagãos; o segundo é reservar-se para Deus, esquivando-se à perseguição com cauta prudência», escrevia já São Cipriano († 258)[76]*, bispo de Cartago no século III.*

A prudente reserva de More, com efeito, nascia da humildade e do conhecimento próprio, pois sabia muito bem que, sem a ajuda de Deus, estava exposto a cair. A sua atitude fica perfeitamente clara na Carta n. 13: *«Respondi-lhes com a pura verdade, isto é, que não fui homem de vida tão santa que pudesse agora oferecer-me com audácia à morte, não acontecesse que Deus permitisse a minha queda por causa dessa presunção; por isso, não me lançava eu para a frente, mas continha-me. No entanto, se o próprio Deus me encaminhasse para a morte, então confiaria em que, na sua grande misericórdia, não deixaria de me dar graça e fortaleza».*

Nisto se revela também a sua heroica fortaleza, *pois não é forte a pessoa que se considera invulnerável, e sim aquela que, conhecendo muito bem «a própria fragilidade e a natural fraqueza do seu coração» (*Carta n. 1*), aprende a vencê-las habitualmente pelo amor a um bem maior. More nada tinha de super-homem nietzscheano, superior ao sofrimento e à angústia; pelo contrário, confessa com humildade a Margaret que, apesar de ter «um natural tão inimigo da dor que uma simples picada quase basta para assustar-me, mesmo assim [suportei] todas as agonias que tive antes de vir para*

(76) *De lapsis* («Sobre os apóstatas»), em Obras de San Cipriano, BAC, Madrid, 1964.

cá, que não foram poucas nem pequenas» (Carta n. 11*). Em contrapartida, na* Agonia de Cristo, *escreve: «Só um louco não teme as feridas, ao passo que o prudente não permite que o medo do sofrimento o separe jamais de uma conduta nobre e santa. Seria escapar de umas dores de pouca monta para ir cair em outras muito mais dolorosas e amargas».*

De onde tirou ele essa fortaleza? Já vimos como, por meio dos diversos escritos que compôs na Torre, More recordou a si mesmo todos os argumentos racionais e sobrenaturais que pudessem ajudá-lo a vencer a sua natural fragilidade, Mas, em última análise, o segredo do seu heroísmo está na confiança e no abandono em Deus, que são o fruto de uma fé vivida em plenitude, «Na verdade, Meg, não podes ter um coração mais frágil do que o do teu frágil pai, No entanto, ponho toda a minha confiança na imensa misericórdia de Deus, que na sua bondade me sustentará com a sua santa mão de modo a não permitir que eu decaia desgraçadamente do seu favor» (Carta n. 11*). E, mais ainda: «Nunca desconfiarei dEle, Meg; mesmo que me sinta fraquejar, sim, mesmo que experimente o medo a ponto de lançar-me pela borda fora, lembrar-me-ei de como São Pedro, diante de uma violenta rajada de vento, começou a afundar-se por causa de uma fé covarde, e farei como ele fez: chamar por Cristo e pedir-lhe ajuda»* (Carta n. 7*).*

A fortaleza foi o que permitiu ao ex-Chanceler vencer também essa outra calamitosa fonte de deserções a que classicamente se chama respeitos humanos. *Foi a atitude covarde dos seus contemporâneos, sobretudo a daqueles conselheiros que, por interesse, preferiram bajular o Rei a corrigi-lo, que no fim das contas levou uma nação inteira à apostasia e permitiu a instauração de uma ditadura crudelíssima. Sempre foi assim na História: o fanatismo tresloucado, a soberba arro-*

gante ou a ganância mesquinha não triunfam pelas próprias forças, mas graças à covardia de muitas «boas pessoas», que se omitem à hora de resistir, se resignam a acompanhar a moda ou a ideologia dominante, ou simplesmente se abandonam ao fluxo da correnteza.

*Sir Thomas não teve de sofrer apenas a incompreensão dos maldispostos, mas – o que é muito pior – a dos amigos e familiares. Teve de opor-se, completamente só – por necessidade e a contragosto –, a uma nação inteira. O que lhe permitiu fazê-lo foi a serena firmeza que nasce de uma consciência inteiramente reta: «Como neste assunto só tenho os olhos postos em Deus, muito pouco me importa que as pessoas lhe deem o nome que bem lhes agrade e digam que não se trata de consciência, mas de um tolo escrúpulo», diz à filha (*Carta n. 7*). E que o seu silêncio nada tinha que ver com covardia ou cálculo, ele mesmo o demonstrou claramente quando, ao ser julgado e já ter a certeza de que seria condenado à morte, não hesitou um segundo em expor com toda a clareza os seus argumentos.*

É ainda a fortaleza o que permitiu a More perdoar *a todos os que lhe queriam mal, sem guardar rancores nem ressentimentos. Poucas pessoas sofreram injustiças maiores, e no entanto o humanista ora para que Deus lhe permita «ter os seus piores inimigos como os seus melhores amigos» (*Uma meditação espiritual*). Um homem fraco dificilmente teria conseguido superar o ódio ou a volúpia da autopiedade; Sir Thomas, pelo contrário, empenha-se com todas as forças em não «julgar mal da consciência de nenhum outro homem, que jaz escondida no seu coração, muito fora das minhas vistas» (*Carta n. 7*); pede uma e outra vez a Deus que leve «todas as partes [em conflito] à sua felicidade»* (Carta n. 11); *e, «fiel súdito do Rei, mas de Deus primeiro», afirma e reafir-*

ma uma lealdade simplesmente heroica num homem que teria tantos motivos para revoltar-se contra o seu soberano.

A mansidão *é outro dos frutos da fortaleza de espírito. No Saltério que levou consigo para a prisão, junto das palavras introdutórias do Salmo 37 («Eu sou como um surdo, não ouço; sou como um mudo que não abre os lábios»), anotou: «É assim que deveria portar-se um homem manso na tribulação: nem deveria falar com soberba de si mesmo, nem retrucar ao que dele se diz maliciosamente, antes deveria abençoar os que falam mal dele e suportar tudo voluntariamente, por razão de justiça se assim o mereceu, ou por amor a Deus se não o mereceu». Certamente More tinha presente o exemplo de Cristo, calado diante de Herodes, de Pilatos e dos seus acusadores, e vimos ao longo de toda a correspondência da Torre como seguiu heroicamente esse exemplo.*

Impressiona também ver quão pouco More se queixa dos seus múltiplos sofrimentos nesse «naufrágio da sua fortuna». Verdadeiramente alcançou a graça que pedia a Deus: o desprendimento *total, necessário para «ter o mundo em nada» e assim conseguir «alegrar-se nas tribulações». Não é este o resultado do cansaço ou do tédio perante a vida, embora não lhe faltassem razões para cansar-se: «Não cometo mal algum contra ninguém, nada digo de mau de ninguém, nada penso de mau de ninguém, mas a todos desejo o bem. E se isto não for suficiente para manter um homem em vida, na verdade não desejo viver mais» (*Carta n. 12*). É antes o resultado de um esforço longo e perseverante por não se deixar seduzir pelo brilho das coisas desta vida (lembremo-nos da camisa-cilício que usou praticamente a vida inteira), que lhe permitiu enxergar no seu verdadeiro valor a diferença entre «o miserável estado desta vida presente e o feliz estado da vida que há de vir para os que morrem em Deus» (*Carta n. 11*).*

Foram a prudência, a fortaleza e o desprendimento que permitiram ao grande estadista inglês preservar a liberdade interior. *Com efeito, More e Fisher, encerrados na prisão, aparecem-nos como os únicos homens autenticamente livres naquele enxame de burocratas e clérigos ambiciosos que parecem todos correr cegamente para uma degradante servidão. Dizia Georges Bernanos que «só os santos têm o controle das suas vidas», pois fazem realmente aquilo que querem: amar, e amar sem medida, sem se deixarem escravizar por nenhuma circunstância. A Margaret, o pai parecia-lhe «atado fortemente apenas ao amor de Deus»* (Carta n. 4)*: que definição melhor se poderia dar da verdadeira liberdade?*

O cárcere obrigou More a viver heroicamente essas virtudes, permitindo-lhe transformar as piores circunstâncias num bem extraordinário: «Sua Majestade concedeu-me um bem tão grande que, dentre todos os grandes benefícios que amontoou sobre mim, conto de verdade o meu encarceramento como o maior de todos» (Carta n. 7)*. E disto nasceram a sua* alegria *e o cintilante* bom humor *que permeia tantas vezes, juntamente com a dor e o sofrimento, as páginas que More escreveu na Torre.*

Neste sentido, o exemplo de Thomas More é universal e emblemático. No âmbito da chamada sociedade democrática, o cristão talvez não se veja na iminência de ter de dar testemunho da sua fé na prisão e no cárcere. A perseguição à Igreja talvez já não seja exercida por meio do terror de Estado, mas nem por isso deixa de estar bem presente; basta pensar no esforço ingente de muitos meios de comunicação para desacreditá-la e distorcer a sua mensagem, na tendência a instituir o «pensamento único» – sob o manto do «politicamente correto» e de uma cínica «tolerância» – através da estatização do ensino, e nas campanhas brutais para promover o hedonismo desenfreado. Mais do que nunca, talvez, o cristão tem hoje de avançar a contracorrente; e só poderá fazê-lo se formar objetiva e prudentemente a sua consciência e a seguir com fortaleza, com uma fortaleza muitas vezes heroica.

*Mas para terem autêntica eficácia, essas virtudes cristãs devem sempre nascer de uma intensa vida de relação com Deus, apoiada na oração e nos sacramentos, como foi a de More. E então o cristão poderá dizer como o grande humanista: «Finalmente, Margaret, bem sei que sem culpa minha Ele não deixará que me perca. Abandonar-me-ei, pois, por inteiro nEle, com boa esperança. E se Ele permitir que eu pereça por minhas faltas, mesmo então servirei como um louvor da Sua justiça. Mas, na verdade, Meg, confio em que a Sua terna compaixão manterá a minha pobre alma a salvo e fará com que exalte a Sua misericórdia. E assim, minha filha queridíssima, nunca se perturbe a tua alma por qualquer coisa que possa vir a acontecer comigo neste mundo. Nada pode acontecer senão o que Deus quer. E tenho plena certeza de que, aconteça o que acontecer, por muito mau que pareça, será na verdade o melhor» (*Carta n. 1*).*

Assim More chegou à paz: a essa paz que o mundo não pode dar *(cfr. Jo 14, 27), mas que o cristão tem ao alcance das suas mãos, bastando-lhe para isso seguir verdadeiramente a sua consciência nas circunstâncias do seu cotidiano. Como apontava o Papa Pio XI, os pequenos deveres do cotidiano podem ser uma escola de virtudes e de abandono em Deus tão exigente e tão fecunda quanto o brilhante martírio de Sir Thomas. O que se exige de nós é apenas que tenhamos uma disposição tão firme como a do grande humanista inglês de olhar primeiro para os interesses de Deus, e só depois – à luz deles – para os nossos próprios.*

Direção geral

Renata Ferlin Sugai

Direção editorial

Hugo Langone

Produção editorial

Gabriela Haeitmann

Juliana Amato

Ronaldo Vasconcelos

Capa

Gabriela Haeitmann

Diagramação

Sérgio Ramalho

ESTE LIVRO ACABOU DE SE IMPRIMIR
A 27 DE JUNHO DE 2025,
EM PAPEL IVORY SLIM 65 g/m².